鄒濬智　曾春僑——著

誰說仵作不科學？

古代刑事鑑識實錄

代序：中國古代刑事鑑識與法醫學發展略述

（本文原發表於《警大雙月刊》一六三期，二〇一二年十月）

中國最早的刑事鑑識與法醫學紀錄可以上溯到秦漢以前。秦國相邦呂不韋的《呂氏春秋》，其〈月令〉篇已經提到孟秋之月（七月）要「命理瞻傷、察創、視析，審判決獄訟，必端平。」而秦國的一位司法官員，他的墓在今日睡虎地（舊雲夢大澤附近）被挖掘發現。陪葬的竹簡中有很多法律文書，其中就有與法醫相關的文獻《封診式》。

從《封診式》可以看出，二千多年前的中國刑偵工作和刑事技術工作已經有相當高的水準。睡虎地秦簡《封診式》是秦代官方有關辦理案件的方法和模式，收有廿五篇文章，除了說明有關審理、審訊的規定外，還彙集了諸如兇殺、盜竊、逃亡等類型的刑事案件辦理方式。經分析，這批秦簡中有關刑事鑑識與法醫學的內容包括：現場勘驗、痕跡檢驗、活體和屍體檢驗等幾方面：

一、現場勘驗——現場勘驗稱作「診」，「診」由縣令派出的「令史」和「牢隸臣」來進行。文中規定令史和牢隸臣要詳細瞭解案情，還要仔細記載陳屍場所、屍體位置、屍體與環境的相對關係、血跡與工具痕迹等有關物證客觀資料等。從這裡頭可以看出這和今日所採行的勘查方法相去不遠。

二、痕跡觀察——《封診式・盜穴》篇裡特別強調盜墓現場鞋印的記錄和採集，這說明當時已把鞋印視為是側寫犯罪過程和罪犯特徵的重要跡證。〈盜穴〉篇指出偵辦人員應注意在出入口和來去的道路上尋找鞋印。一旦發現鞋印，還要進一步研究鞋印的長度、寬度、各部位花紋磨損等新舊程度等特徵。這已反映出粗略的刑事鑑識科學精神。

三、活體檢查——秦簡文獻規定不同程度的損傷對應到行兇人的不同種類刑罰，這樣的觀念對漢律產生很大的影響（詳下）。簡文之中還舉了兩個案例，一個是如何確認外傷引起的流產，一個是確定痲風病人如何被合法的處置。這裡記載到對胎兒的觀察檢驗方法及對病人的診斷方法，有一部部分是符合現今醫學結論的。

四、屍體檢驗——秦簡文獻詳細記載了二個案例，一個是他殺，一個是縊死。他殺案中描述了死者身體損傷的情狀、衣服破損與肉體損傷的關係，同時藉此推斷兇器；在縊死案裡則記載了傷勢所對應的繩索的形狀、繫頸的方式和屍體吊掛的情況，並提出縊死者應有舌頭伸出、大小便失禁、解索時有嘆息聲等現象。

以上種種在在說明，戰國末期及秦代的司法檢驗已經相當水準的知識累積與成果表現。

〔西漢〕司馬遷的曠世鉅作——《史記》，雖然不是專為記載司法檢驗而作，但其中亦見有漢武帝識破偽造字跡的故事①。到了東漢，班固所著《漢書・薛宣傳》說明無理毆人致傷，皮膚青黑無瘢痕者，與毆人成創有瘢痕者，所犯之罪，在程度上是一樣的；依照受害者的不同傷勢來決定不同的刑度，這很明顯是受到秦律影響。班固又在《漢書・刑法志》中提到凡是不識、過失和遺忘者，可以減刑，老幼者及愚蠢者可以免刑，這樣的一個量刑基準已經考慮到犯案者有無犯意和是否具備犯案能力的問題。東漢末蔡邕在注《禮記》時提到：「皮曰傷，肉曰創，骨曰折，骨肉皆絕曰斷。」對傷而未死的，「當以傷創折斷、大小正其罪之輕重。」班固和蔡邕的論述，用現代的觀點看就是一種對各種損傷及相對應刑罰的分類和定義。「傷、創、折、斷」表示不同程度的損傷程度，這在某種意義上也呼

①《史記・封禪書》：「上有所幸王夫人，夫人卒，少翁以方蓋夜致王夫人及竈鬼之貌云，天子自帷中望見焉。於是乃拜少翁為文成將軍，賞賜甚多……神不至。乃為帛書以飯牛，詳不知，言曰此牛腹中有奇。殺視得書，書言甚怪。天子識其手書，問其人，果是偽書，於是誅文成將軍，隱之。」

應了前文《呂氏春秋・月令》篇中「瞻、察、視、審」不同程度的肉眼檢查傷勢方法。

三國年代，吳普和張舉都曾分別利用法醫學知識和動物實驗的方法來審理案件。此外，《吳志》裡還記載有一則有名的、中國最早的「彈道鑑定」案例：孫權的長子孫登外出遊憩時遇到彈丸來襲。雖然孫登並未受傷，仍令隨從四處追查，果然在附近發現有一持弓佩丸之人。隨從準備懲罰此人，但此人不服。後來孫登取來該人的彈丸與來襲的彈丸進行比對，發現兩者並不相同，於是便把那人給放了。

大唐迄兩宋時期的司法檢驗制度，是中世紀同時期世界上最先進、最完備的。例如：唐代每個州縣都設立醫學博士，除了執行當地的醫政工作外，還參與刑案法醫學檢驗；今日還流傳有唐代二起著名的文書識鑑案件①。由是可見唐朝司法部門對刑事鑑識的深刻認識及對法醫學術的極度重視。

---

①《折獄龜鑑・辨誣》記載一唐代有關刮擦文件鑑識的案件如下：「（唐）垂拱年，羅織事起。湖州佐史江琛，取刺史裴光判書，割取其字，湊合成文，以為與徐敬業反書，告之。則天差御史往推。光供稱云：「書是光書，語非光語。」前後三使，皆不能決。或薦張楚金能推事，乃令再劾，又不移前疑。楚金憂悶，偃臥窗邊，日光穿透，因取反書向日看之，乃見書字補葺而成，平看則不覺，向日則皆見。遂集州縣官吏，索水一盆，令琛以書投於水中，字字解散。琛叩頭服罪。」敕決一百，然後斬之。《折獄龜鑑・辨誣》另記載一唐代有關摹仿筆跡文書鑑識的案件如下：「（唐）張鷟為河陽尉。有呂元者，偽作倉督馮忱書，盜糶官粟。忱不認，元堅執，久不能決。鷟乃取告牒，括兩頭，留一字，問元：「是汝書，即注云『是』；不是，即注云『非』。」元注云：「非」。去括，乃是元告牒，遂決五下。又取偽書括字問之，元注云：「是」。去括，乃是偽作馮忱書也，元遂服罪。」

五代後晉高祖時期，和凝父子合編出一本內容十分豐富的刑事鑑識與法醫學書籍《疑獄集》，書中記載戰國到後晉諸種平反冤獄、揭露真兇的離奇怪案，並對審理案件的官員如何進行推理、速審速決的偵查技巧多所著墨。《四庫全書》高度評價道：

> 《疑獄集》中所記皆平反冤獄、抉摘奸匿之事。俾覽者觸類旁通，以資啟發。雖人情萬變，事勢靡恆，不可限以成法而推尋故跡，舉一翻三，師其意而通之，於治獄實有裨益。

《疑獄集》開啟了後世一系列的決獄書籍寫作之風，影響很大。《四庫全書》所言絕非過譽。

南北宋之間，鄭克以《疑獄集》為底本，增加案例、填補缺陷，並對案情加以分類，著成《折獄龜鑑》八卷。本書亦收有不少刑事鑑識與法醫學方面的知識。到了南宋，承辦屍檢的官員多半怕苦怕難而敷衍塞責，浙西提刑鄭興裔鑑因而創立了「檢驗格目」，規定驗屍必需要詳細記載的項目，並要一式三分，一分報送所屬州縣，一分交被害人家屬，一分存本機關，以此防弊。之後江西提刑徐以道更建議朝廷把湖南、廣西當時刊用的「檢驗正背人形圖」隨同「檢驗格目」發給檢驗人員使用，還規定在檢驗到傷痕時，官員需依樣用朱紅筆畫下，再另令被告共同觀看所畫，確認無誤後畫押簽字。這樣一個定式的具公信力檢驗文書，透過政府的公權力，頒定通行到全國。

〔南宋〕宋慈的《洗冤集錄》是宋慈從事司法刑獄工作所積累豐富驗屍經驗的結晶。《洗冤集錄》成書於淳祐七年（一二四七年），有五卷，五十三條，分為檢驗總論、驗屍、驗骨、驗傷、中毒、救死方六大部分。從內容來看，書中包括：宋代的檢驗屍傷法令、驗屍方法和注意事項、屍體現象、各種機械性窒息死、各式鈍器損傷、銳器損傷、交通事故損傷、高溫致死、中毒、病死和急死及屍體發掘等項，內容涵蓋了驗屍的檢驗方法和死因的判斷。譬如對於被火燒死與死後焚屍的判斷、生前溺死與死後棄屍入水的區分，書中都有精闢的說明。宋書後來續補續注者不斷，儼然變成「宋慈學」一派。

元代有關司法檢驗的規定則更形法律化。由於當時的司法檢驗存在的各種違法和舞弊現象：「親民之官，不以人命為重，往往推延，致令屍變」、「裝揑屍狀，移易輕重，情弊多端」（《元典章・刑部五・檢驗》）。所以至元五年之後，元世祖忽必烈就開始對司法檢驗作出一系列的明確規定。這個防弊工作重點主要有二，一是制定確切的檢驗流程，二是頒布「檢屍法式」：

一、檢驗流程——完整流程為：派出檢驗官→赴檢→檢驗→具結→覆檢。

二、檢屍法式——本法式在將宋代的「驗屍格目」、「驗狀」、「檢驗正背人形圖」等三種驗屍文件簡化為一種，其法律效用約與今日鑑定書相當。

明清以後，司法部門及從業人員對前朝的司法檢驗科學及制度多所承襲，並後出轉精。以有清一代為例，繼承宋慈《洗冤集錄》並加以發揮的著作就有《律例館校正洗冤錄》、《平冤錄》、《無冤錄》、《洗冤捷錄》、《洗冤法錄》等十餘種，其他刑事鑑識與法醫學相關著述則有數十種以上。

總此，中國的司法檢驗學術發展，由戰國秦漢的胚形，到唐宋的頂峰，再到元明清的成熟，其穩定度與其社會影響，實不亞於西方理性精神下所發展出來的刑事鑑識與法醫學科。

目次

凡例

一、本書以中央警察大學《古代法醫文選》為基礎而擴編之。本書之編寫，主要在說明「中國古代刑事鑑識與法醫學的發展」及「科學辨案」的精神，並希望本書的刊行能促進古今鑑識與法醫學之合證，使古學能為今人用、國學能為世界用。

二、本書各單元依案件之犯案媒介或破案物證之性質，分為木、火、土、金、水五部；各單元內有【案情提要】、【案件紀錄】、【原文語譯】、【現場鑑識與法醫學分析】及【今日相關參考案例】五部分。

三、各單元內之【案情提要】說明案情大要；【原文語譯】將典籍原文譯釋成今日慣用語言；【現場鑑識與法醫學分析】說明與案件有關的偵查、鑑識與法醫學知識；【今日相關參考案例】改寫自今日新聞所見類似案件，提供古今合證之參考。其餘重要資訊置於當頁註中。

四、本書寫作之參考資料：書面部分主要為古代刑案相關彙編書籍、西方法醫學叢書以及編著者參與刑事鑑識之案件隨記；網路部分主要為國內外相關電子資料庫、各大新聞電子報等。

五、本書倉促付印，兼以編著者學力不逮，書中錯誤所在多有，尚祈海內外學者鴻儒不吝批評是幸。

木之部

木之部・之一・吐櫻抓賊

【案情提要】

本文選自〔宋〕《新五代史・慕容彥超傳》①，為發生在五代的一件食物竊案嫌犯是慕容彥超家的僕人們。客人獻新櫻給慕容彥超，不料被僕人偷吃。慕容假裝不在意他人

①《新五代史》由〔宋〕歐陽脩主編，是歐陽脩私修的史書。此書是唐以後唯一的一部私修正史。在編撰體例上，歐陽脩不按朝代界限，打破了《舊五代史》一朝一史的體系，把五代的本紀、列傳綜合在一起，依時間的先後進行編排。歐陽脩還分類編排列傳，分列了《家人傳》、《死節傳》、《雜臣傳》等。歐陽脩撰《新五代史》時正是北宋王朝處於內憂外患的困境的時候，國內土地兼併劇烈，賦稅繁重，農民起義不斷爆發。同時遼和西夏給北宋造成了很大的壓力，迫使它每年要向遼和西夏交納大量錢物。范仲淹等人試圖改革，卻遭到了失敗。歐陽脩支持范仲淹的改革，抨擊保守派，因而被貶。他在給尹洙的信中提到因為被貶到外地，所以想通過縮寫《五代史記》來表達自己的心聲。歐陽脩想通過仿照《春秋》筆法，表現褒貶之意，為維護君君、臣臣、父父、子子的封建統治秩序服務。既有《新五代史》，當然也《舊五代史》。《舊五代史》原稱《五代史》，或《梁唐晉漢周書》，共一百五十卷。完成於宋太祖開寶六年（九七三年）左右，由薛居正監修。後來歐陽脩《五代史記》問世後，稱為《新五代史》，薛居正等所修的史書就被稱為《舊五代史》。

贈送之櫻桃被盜食，並賜酒給僕人們壓驚，實則在酒中下藥催吐。僕人們喝下酒後紛紛嘔吐，於是慕容在竊賊嘔吐物中發現櫻桃殘渣並將之問罪。

【案件紀錄】

有獻新櫻①於慕容彥超②，俄而為給役人盜食。主者白之。彥超呼給役人，慰之曰：「汝等豈敢盜新物耶？蓋主者誤執爾，無懷憂懼，各贈以酒。」令左右入藜蘆散③。既飲，立皆嘔吐，新櫻在焉，於是服罪。

① 櫻指櫻桃。〔晉〕潘岳〈閑居賦〉：「三桃表櫻胡之別，二柰曜丹白之色。」〔唐〕白居易〈櫻桃花下有感而作〉詩：「藹藹美周宅，櫻繁春日斜。一為洛下客，十見池上花。」〔前蜀〕韋莊〈思歸〉詩：「紅垂野岸櫻還熟，綠染迴汀草又芳。」〔宋〕王安石〈雨中〉詩：「尚疑櫻欲吐，已怪菊成漂。」《儒林外史·第二九回》：「我今日把這些俗品都捐了，只是江南鰣魚、櫻、筍下酒之物，與先生們揮麈清談。」

② 慕容彥超：慕容彥超始冒姓閻，因體黑又麻臉，故被稱為閻崑崙，沙陀族，劉知遠的同母異父弟。早年擔任後唐明宗李亶的軍校，累遷至刺史。後擔任兗州節度使。改泰寧節度使。因智詐而為郭威所忌。乾祐三年（九五〇年），郭威起兵反後漢，在劉子陂擊敗慕容彥超，彥超逃往兗州，開封尹侯益向郭威投降。後周廣順二年（九五二年）慕容彥超聯絡南唐、北漢反周，兵敗投井死。

③ 藜蘆散即藜蘆曬乾研磨而成的粉末。藜蘆又稱黑藜蘆。多年生草本植物。生在山地，有毒。中醫入藥，主治痰涎壅閉、喉痺、癲癇等症，外用於疥癬，有催吐作用。在農業上可做殺蟲劑。〔明〕李時珍《本草綱目·草六·藜蘆》：「藜蘆則吐風痰者也。」〔清〕黃宗羲《明夷待訪錄·兵制二》：「（黥布、彭越）無所藉於漢王而漢王藉之，猶治病者之服

【原文語譯】

有客人向慕容彥超獻上新採收的櫻桃，沒多久被慕容家中的僕役給偷吃了。管家得知後馬上向主子報告。慕容彥超便將所有僕役叫來，安慰他們說：「你們怎可能敢偷吃人家送來的新鮮水果？大概是管家誤會了，不要擔心，喝杯酒壓壓驚吧！」慕容彥超再叫左右隨從偷偷地把藜蘆散倒進酒中。這些僕役喝了摻有藥粉的酒，全部發生嘔吐症狀，其中一人吐出的嘔吐物中有櫻桃的殘留，便認了偷吃的罪。

【現場鑑識與法醫學分析】

藜蘆散即藜蘆所研磨而成的粉末。藜蘆學名為*Veratrum nigrum L*，百合科藜蘆屬的植物，多年生草本；根莖短而厚；莖具葉，基部常有殘存葉鞘裂成纖維狀；葉面常闊，抱莖。有強脈而具折；花綠白色或暗紫色，兩性或雜性，具短柄，排成頂生的大圓錐花序。其藥效為祛痰、催吐、殺蟲。常用用於治療中風痰壅、癲癇、淋巴管炎、瘧疾、乳腺炎、

烏喙、藜蘆也。」

骨折、跌打損傷、頭癬、疥瘡等症，還可用於滅蛆、蠅等。

本案事主慕容彥超利用謊言，解除了竊嫌的心防，並在給僕人們壓驚的酒中放下藜蘆散，使其飲用後產生嘔吐。復再利用嘔吐物中是否有失竊的櫻桃食後殘渣來判斷何人為竊賊。

由於嘔吐通常在食物未消化或未分解完成時即吐出，所以較能保持食物原狀，對想要瞭解可疑食物、藥物成分而言，嘔吐物是一種很好的檢體，也為嘔吐物不若血液及尿液那樣已經過身體代謝，所以能直接反映出當事人的飲食內容。除了催吐搜證，現代中毒案件中，當事人的嘔吐物亦為現場蒐集的重點證物之一。

如遇有人員死亡，現代法醫為查知死者生前食用物品的種類，亦透過解剖時對胃的內容物殘渣進行取樣及分析，藉以推斷死者生前進食的種類。透過對食物進行分析，若死者生前數小時內曾與他人一同用餐，執法人員亦可與相關證人或涉嫌人對於用餐過程的陳述、飲食種類、飲食數量等相互印證，以瞭解相關人等的各種說詞可信度，找出破案的關鍵。

本案例慕容彥超此舉雖然聰明，也隱涵現代鑑識科學的智慧，但是不太人道。以今日法律精神來看，若使用酒精等藥劑做為調查手段，讓當事人說出案發經過，便有是否符

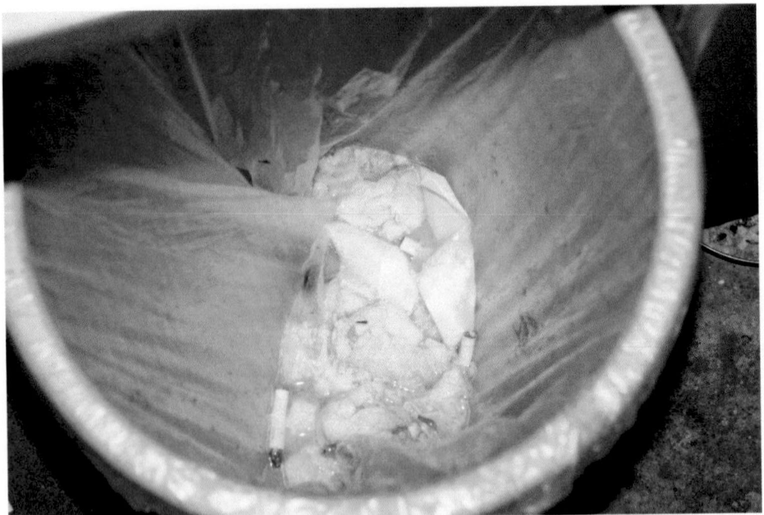

現場垃圾桶的嘔吐物為瞭解當事人飲食內容的重要證物

解剖所見的胃內容物，可見部份食物殘渣種類

合程序正義以及不當使用藥物的問題。同時，未經醫生評估的藥物催吐方式存在相當風險，在催吐的過程當中，嘔吐物極容易侵入呼吸道，造成吸入性炎症；如果當事人在酒醉狀態，因為反射神經變得遲鈍，也有可能被自己的嘔吐物阻礙呼吸道而窒息死亡，不可不慎①。如若當事人還有食道靜脈瘤的潛在問題，更容易在催吐的過程中，因血壓變化，造成靜脈瘤破裂出血，危及當事人性命。

總之，催吐並不是此類案件的搜證破案萬靈丹。錯誤的催吐方式，可能因為酒精、胃酸、與其他食物殘渣引發更多意外。

【今日相關參考案例】

〔臺灣某報訊〕日前從柬埔寨金邊搭機來臺灣，吞服大量海洛因毒球企圖從桃園機場

① 因此今日執法人員若有遇到嫌犯吞服毒品滅證的情況，在不清楚嫌犯毒品包裝型式、大小、種類、數量情況下，最好的辦法仍是先送醫，由醫生評估後再決定利用催吐、內視鏡夾取或是肛門排出等方式進行處理。至於更緊急的如逮捕人犯時，嫌犯利用警方不察，服用劇毒自殺的情況下，為了及時搶救，可以視狀況直接挖取食物及手指刺激嫌犯喉部催吐。不過此種做法必須將服食農藥中毒排除在外，這是因為農藥可能具有腐蝕性，如果催吐，可能再次傷害當事人食道黏膜。在此情況之下還是讓當事人喝下牛奶等飲料中和毒性後，再儘快送到最近的醫院才是。

闖關失敗的香港籍陳姓男子，經過在醫院催吐多日後，一共排出九十二顆海洛因毒球，重約八百五十公克。

調查局桃園縣調查站、財政部臺北關稅局及桃園憲兵隊查獲從柬埔寨搭機來臺的香港籍陳姓男子，涉嫌以鞋底夾藏海洛因約九百公克，同時追查後發現，陳姓男子更以吞服方式夾帶海洛因企圖闖關。

桃園縣調查站指出，為了防止陳姓男子吞食在體內的毒品破裂致死，立即將陳姓男子帶往桃園轄內一家醫院，交由醫療人員協助將毒品排出，由於陳姓男子腹中的毒球經多次以X光機器檢測，發現眾多不明黑影，經過三天才全部排出。

經逐一清點，包裝成球狀的海洛因毒品，約如拇指大的毒球有九十二顆，重約八百五十公克，這是歷年來查獲以體內夾帶毒品數量最多的案件。

〔臺灣某報訊〕一名賴姓通緝犯前晚身藏一小包塑膠袋裝毒品遇警盤查，竟一口吞進肚子裡，當場腹痛難忍。警方提供礦泉水讓他催吐約二十多分鐘才將毒品吐出。臺中榮總毒物科洪主任表示，毒品若不及時取出，胃酸將腐蝕塑膠袋，最快五至十分鐘毒品即擴散全身，造成呼吸急促、甚至休克死亡。

某晚臺中市第六分局偵查隊警網經過臺中二中附近，發現賴某及一名陳姓男子形跡可疑，上前盤查時，賴嫌突掏出裝零點四公克海洛因的塑膠袋，一口氣吞進肚子裡，當場不斷喊胃痛。警方問他要不要送醫？他說催吐即可，警方提供礦泉水，他邊喝水邊以手指挖食道，喝了約七百西西、費時二十多分鐘之後，終將毒品吐出。

〔臺灣某報訊〕有多次毒品前科的男子陳某晚間在左營區被警網攔下盤檢。為逃避臨檢，陳某一手出示身分證件，另一手把一包海洛因毒品硬生生吞下去，因警方催吐不成，趕緊將其送醫搶救。

送醫後，由胃鏡找到卡在食道的海洛因毒品，從鬼門關把陳嫌搶救回來。幸好終於找到海洛因毒品，不然被毒品毒死，輿論又要怪罪警方。

警方調查，五十五歲的陳某有多項毒品前科，曾受勒戒及強制戒治處分，是高雄縣警方毒品列管人口，但這名老毒蟲，仍無法戒除毒癮。晚間陳某在左營區「萬年縣」公園廁所內，施打海洛因毒品後，攜帶毒品離開現場，途經翠華與明潭路口，碰上正在執行全國掃蕩毒品專案的左營分局偵查隊。警方發現陳某形跡可疑，經攔下準備盤查，豈料陳嫌情急之下，右手拿出身分證，左手拿口袋內一小包海洛因毒品硬生生吞到肚子裡，警方一見陳嫌疑似活吞毒品，立即上前緊抱陳嫌，設法讓陳嫌催吐。但陳嫌咳嗽幾聲，無法吐出毒品，警方見情況不對，抱著陳嫌往醫院找醫生急救。

值班醫師一聽嫌犯活吞毒品，馬上以X光照射胃部，卻找不到毒品下落，在旁戒護的警方更為緊張，萬一毒品在胃裡被消化，過量毒品必然造成陳嫌生命危險。醫師再以胃試鏡深入陳嫌食道內檢查，終於在食道上找到卡在食道上的一小包海洛因毒品，便設法把毒品夾出來。

當醫師把毒品夾出來時警方鬆了一口氣。警方指出，萬一毒嫌被毒品毒死，在死無對證下，勢必又被外界責備。

木之部．之二．旱蓮水毒

【案情提要】

本文選自〔清〕《重刊補注洗冤錄集證》①，為發生於宋朝一誤食毒水致死案。郡守江待舉至案發現場勘驗，起初不解死者的致死原因。後來查訪得知死者前一夜曾經飲酒，再看到客房已經半空的水瓶，推測出死者可能夜半口渴取水不得，便將插有旱蓮的花瓶水拿來解渴，因而被溶解在瓶水中的植物鹼給毒死。

① 宋慈的《洗冤集錄》後由〔清〕王又槐增輯，〔清〕李觀瀾補輯，再由〔清〕阮其新進行集證而成《重刊補注洗冤錄集證》一書。該書是《洗冤集錄》增補注釋本的一種，也是流行較廣的一種傳本。關於阮其新其人，史料闕載，但根據中央研究院歷史語言研究所藏明清史料，阮曾任太平府知事：「移會稽察房廣西巡撫祁土貢等奏稱，署太平府事橫州知州羅尹孚因病出缺，所遺員缺，查有卸署泗城府之西隆州知州阮其新，堪以委令接署。」

【案件紀錄】

〔宋〕汪待舉①，字懷中，守處州郡。部民②有飲客者，客醉臥於空室中。夜醒酒喝③，索漿不得，乃取花瓶水飲之。次早啟戶，客死矣，其家訟於官。待舉究舍宇所有物，惟瓶浸旱蓮④而已。細鞫⑤之，訟乃白。

---

① 汪待舉為南宋名清官。南宋初年，汪待舉擔任處州知州。深通民情，黎民興訟，汪待舉便當面判定是非曲直。由於斷案公平正直，民眾的衝突與糾紛皆能得到圓滿解決。人們安居樂業，當地經濟也因此振興。

② 部為古代行政區域名。《管子・乘馬》：「方六里命之曰暴，五暴命之曰部，五部命之曰聚。」《漢書・尹翁歸傳》：「河東二十八縣，分為兩部。」〔唐〕韓愈〈司徒兼侍中中書令贈太尉許國公神道碑銘〉：「鄆部既平，公曰：『吾無事於此，其朝京師。』」部民即轄屬居民。

③ 酒喝即酒渴，此指飲酒過後感到口渴。飲酒後往往會感到口腔乾渴，這是因為含酒精的飲料進入人體以後會刺激腎臟，加速腎臟的濾水作用，因此人體排尿比平時要勤。同時當酒精溶於血液進入人體細胞後，也會促使細胞內的水液暫時滲透到細胞的外部，這亦導致體內儲存的部分水分被排泄到體外。此般體液減少的狀況通過神經反射，也會使人產生口渴的感覺。

④ 旱蓮有二指，一屬木蘭科木蘭屬植物，盛開時花滿枝頭、花朵紅、白相間，花蕊略呈粉紅色，酷似蓮花，葉同蓮葉，形色似藕，常植地而為觀賞植物；一屬藍果樹科植物，頭狀花序近於球形，頂生或腋生，頂生的花序具雌花，腋生的花序具雄花，別名喜樹。二者相較要屬後者毒性較強，本案旱蓮應為後者。

⑤ 鞫即審問。《史記・酷吏列傳》：「湯掘窟得盜鼠及餘肉，劾鼠掠治，傳爰書，訊鞫論報。」裴駰集解引張晏曰：「鞫，一吏為讀狀，論其報行也。」《新唐書・王縉傳》：「及敗，劉晏等鞫其罪，同載論死。」〔清〕和邦額《夜譚隨錄・張五》：「鞫鄭祿及翠華私通事，果不誣。」

【原文語譯】

宋朝汪待舉，字懷中，是處州郡守。轄下居民有一位特愛喝酒的，某日到朋友家做客，喝醉了就睡在空客房中。這酒客半夜醒來覺得口渴，找不到水喝，只好拿了花瓶中的水來湊數。隔天早上朋友開門，發現酒客死在客房裡，酒客家人得知後便告官。汪待舉到這友人家中勘察房裡所有的擺設，只看到一個插了旱蓮的水瓶最為可疑。仔細的訊問相干人等後，這案子大概就清楚了：酒客是被花瓶中的旱蓮給毒死的。

【現場鑑識與法醫學分析】

王維〈江上贈李龜年〉詩：「紅豆生南國，春來發幾枝，願君多採擷，此物最相思」，詩中的相思豆，正式名稱為雞母珠豆（Abrus precatorius）。其含有劇毒雞母珠毒素（Abrine），與其俗名相思豆根本很難聯想到一塊兒。生物鹼（alkaloid）是生物體內鹼性的含氮有機物，存在動植物體內，以植物體內最常見，因此常人多以植物鹼稱之；多數跟刑事案件有關的生物鹼種類也幾乎都是植物鹼。

大麻（marijuana）內含植物鹼（tetrahydrocannabinol、THC），可引起人類幻覺

部分野生的菇類含有對人類有害的植物鹼

檳榔含有植物鹼，為台灣特殊飲食文化，在刑案現場常可見到檳榔渣

水源中毒案件，現場與水有關之器具均為採證重點

植物鹼普遍存在於各種植物體內，由於植物種類繁多，有時因為外觀變異，容易識別錯誤，因此實務上常見誤食有毒野菜或菇蕈類而中毒的案件。所以非有十足把握，或是野外求生，萬不得已的情況下，最好不要輕易嘗試平常未曾食用過之植物種類，否則輕則引起過敏，重則可能致命。

雖說植物鹼可能對人類造成危害，但若能正確使用，並非對於人類全部有害，反而能增進人類的生活品質。像古柯鹼（cocaine）、麻黃素（ephedrine）、可待因（codeine）等，雖均為常見藥物濫用的植物鹼種類，但若運用在醫療用途上，則可以用來治療呼吸、循環、代謝問題，如高山症，精神萎靡等症狀。另外像咖啡、茶葉、檳榔及可可飲品中的植物鹼，屬中樞神經興奮劑，量少時，對使用者具有一定程度的提神作用①。又如早期先民抓魚時，有些人會使用豆科的魚藤（*Derris trifoliat*，又稱毒魚藤、萎藤），其含有植物鹼魚藤酮（Rotenone）成分，對昆蟲及魚類毒性很強，水中含三十五萬分之一即可殺死魚類，因此將此植株敲碎浸泡在水中在水中，即可使魚類昏迷上浮，幫助人類漁獵②；這些

① 不過量多時，還是要注意到它可能造成煩躁、神經過敏、興奮、失眠、臉紅、尿液增加、胃腸紊亂、肌肉抽搐、思維渙散、心跳不規則或過快以及躁動等症狀，並小心以此所造成的死亡。

② 當然若在野外誤食此種植物，亦會有中毒死亡之虞；若不慎中毒，所表現出來的的症狀包括陣發腹痛，噁心嘔吐，陣發性全身痙攣、肌肉震顫，呼吸減慢，最後因呼吸中樞麻痺而死亡。

魚藤酮植物鹼成分，現代工業分析其化學結構後，也被用來製成殺蟲劑，減緩昆蟲傳播疾病速度。

話說本案例當中致人於死的喜樹，其所含喜樹鹼（Camptothecin，ＣＰＴ）有相當的毒性反應，主要表現在消化系統、泌尿系統及造血功能的抑制等。如食慾不振、噁心嘔吐、血尿、白血球下降等。有些病例有嚴重的脫髮、皮疹、難以控制的腹瀉，若不及時採取措施，有致命危險。另外喜樹鹼也可能產生心悸，神經精神症狀等。

雖然喜樹鹼難溶於水，但本案提到水瓶中的喜樹可能插在水中有一段時日，或多或少水中都溶有一些喜樹鹼。加上死者生前飲酒，腸胃壁的保護受到酒精的影響而降低，血液循環亦因為酒精而增快，這些因素都在加速了死者消化道對喜樹鹼的吸收和身體對毒物的抵抗能力，從而造成了致命的結果。

今日中毒案件中，也都可以發現在酒精與藥物加乘作用之下，造成身體負面影響的例子。例如精神疾病或是失眠患者，原本在醫生指示下服用安全劑量藥物，但因患者錯誤地認為酒精可以幫助入睡而改用酒類飲料服用，結果造成身體長時間超過負荷，最後不幸身亡。

本案例給予今人的另一個重要啟示是，雖然今人在取得安全水源上十分容易，仍須時時注意飲水與食物的安全。現代社會常見因大人疏忽，誤將高粱酒或米酒當作開水，沖泡奶粉給幼兒飲用的意外；或是飲酒後起床上廁所，迷糊之間因口渴而誤飲存放於冰箱中的藥物等。今日民眾最愛於野外裝瓶帶回家泡茶的山泉水，也須注意是否遭到農藥或天然有毒藻類的汙染。

【今日相關參考案例】

〔**臺灣某報訊**〕警方調查，死者陳某家住臺北市，元旦當天晚上他應賴姓友人邀請，到基隆市一家卡拉ＯＫ店飲酒狂歡後，繼續到另一名朋友家續攤喝酒，疑因太過疲憊、加上吃到「倒吊子」檳榔猝死，檢方昨相驗陳男遺體未發現任何外傷，將擇日解剖。

同行友人賴男告訴警方，他與陳男吃過早餐後嚼檳榔，但不久他看見陳男盜汗，大喊：「喔！吃到倒吊子。」陳隨即打開電風扇吹風、奔進廁所狂吐，陳嘔吐後倒臥客廳沙發，突然抽筋、難受地掙扎呻吟，幾分鐘後不省人事且尿失禁，他嚇得立刻報警。

檳榔業者表示，批貨、挑揀檳榔時，若蒂頭莖部呈勾狀，推測該顆檳榔可能是「倒吊子」。不過小檳榔攤通常都是收到已經挑好、去蒂的檳榔，根本無法分辨是否為倒吊子。

醫師研判，陳某徹夜飲酒狂歡，身體已十分疲憊卻沒好好休息，若又不慎食用倒吊子，可能因此引發嚴重心律不整猝死。

〔臺灣某報訊〕苗栗縣苑裡鎮六十九歲老翁彭某摘屋外的大花曼陀羅花朵煮成蛋花湯，請同居人王某、鄰居劉某一起喝，三人沒多久出現神智不清、瞳孔放大等症狀，送醫後無大礙；醫師說，大花曼陀羅具神經毒，研判三人可能食用過量中毒。

彭翁的楊姓乾女兒說她上午到彭家幫忙種菜，看到彭家屋外曼陀羅開滿白色花朵，問彭翁：「這是什麼花？」彭翁說可以吃，接著摘下白花切碎要煮蛋花湯，但她臨時有事離開，沒喝到蛋花湯。

楊女中午打電話到彭家，沒人接電話，她覺得有異，趕到彭家，發現三人全倒在客廳地上，趕緊將三人送醫。三人送往苑裡李綜合醫院，都出現神智不清、瞳孔放大、心跳加快等症狀。注射拮抗劑治療後，心跳速度才逐漸下降，但仍因毒性未退，全身躁熱難安。

苑裡李綜合醫院腎臟科鄭醫師說，大花曼陀羅全株具神經性毒，含有類似藥物「阿托品」成分，食用後會產生副交感神經阻抗作用，若大量誤食，約廿分鐘會神智不清、心跳加快、血壓高，嚴重時會心律不整，有生命危險。

〔臺灣光田醫院訊〕沙鹿區吳姓老婦人日前吃了自家種的瓠瓜後，頭暈嘔吐送醫，丈夫則趕緊喝水才未出現不適。光田醫院腎臟內科王醫師表示，民眾誤食東西導致中毒，應保存食物檢體，並儘快就醫，以方便醫師對症下藥治療。

吳婦日前採摘自家後院種植的瓠瓜烹煮，不料在嚐味道時吃了一口，發覺苦苦的，不到半小時即頭暈、嘔吐，家人趕緊將她送醫治療，幸無大礙。吳婦的丈夫表示，瓠瓜是自家種植，並未施用農藥，之前全家採摘烹調食用也都沒事，後來留了其中一顆瓠瓜當成種子，今年再度栽種，不料，採摘食用就發生問題。事故當天他也吃了一口，幸未吞下肚，並趕緊灌了很多白開水，才未發生不適送醫。吳夫說，友人也曾栽種瓠瓜，並出現苦味及中毒等情形，不知何故？

高雄區農業改良場劉助理研究員表示，瓠瓜分成食用及觀賞兩種，一般食用的瓠瓜，因日照不足或施用氮肥太多即可能出現苦味。觀賞用瓠瓜，又稱「葫蘆」，因含有葫蘆二苷，具有毒性，吃起來味苦，且會造成心悸，導致患者嘔吐，吳婦可能因栽種過程中不小心與觀賞用瓠瓜雜交，導致瓠瓜出現毒性。提醒民眾吃到的青菜若有苦味就不要再吃，以免中毒。

【臺灣衛生署訊】食品藥物管理局日前接獲一起民眾食用不知名「山野菜」後出現嘔吐症狀之中毒案例，經以分子生物檢驗技術鑑別，確認民眾係食用屬於有微弱毒性之植物「歐洲黃菀（Senecio vulgaris）」，其分類上屬於菊科、黃菀屬，分布在中、高海拔山區，於郊區、菜園附近及路邊草叢常可見它的蹤跡。本案係因民眾將有毒的「黃菀」當成「山茼蒿」吃下肚，兩種植物同屬菊科，葉形相似，歐洲黃菀含有Pyrrolizidine alkaloids雙吡咯烷類生物鹼，誤食會造成肝臟方面的損害，嚴重則導致死亡。

近來國內已發生多起誤食有毒植物之中毒案例，其共同特性皆為有毒植物與一般可食性植物的外觀相似，極易造成誤判，大大提高民眾誤食的機率。不同種類有毒植物所引起的中毒症狀不盡相同，輕則腸胃不適，重則傷害中樞神經系統，甚至危害寶貴生命。因此，食品藥物管理局再次呼籲，民眾切勿食用來路不明的植物，以免因逞一時口腹之慾，造成身體健康上無法挽回的傷害。

木之部・之三・遭人勒斃

【案情提要】

本文選自〔清〕《洗冤錄詳義》，為一發生在乾隆年間的兇殺命案。死者共一男一女，經驗屍後發現其頭骨各部分有血印。特別的是男子屍體面部留下缺氧情況之下才會出現的青紫色血印；女死者除了頭部各處的血印外，頸骨亦留下勒傷的痕跡，此痕跡為自縊者所必無，是知二名死者必為他人所勒殺。

【案件紀錄】

乾隆①五十年，江西省余干縣②民婦余曾氏謀死胡開桂、吳氏二命一案：檢得胡開桂眼眶骨③連鼻梁骨④、兩顴骨⑤、兩頰骨⑥、上口骨⑦俱有血癊⑧，青黯色，下口骨有血癊，紫紅色，上下牙齒十個紅色，頷頦骨有血癊，紫紅色，委係被搭⑩身死。

①清朝皇帝愛新覺羅・弘曆（一七一一～一七九九年）的年號。
②余干縣在今江西上饒，古稱干越，秦始皇廿六年（西元前二二一年）建縣，迄今已有二千二百多年的歷史，素有「閩越百貨集散」之繁榮，「江南名郡」、「魚米之鄉」美譽。
③眼眶骨是眼珠的保護結構，為呈四邊錐形的骨腔。腔內容納眼珠及血脈等附屬物。
④鼻梁骨，為鼻骨與鼻梁的合稱。鼻骨呈長方形，左右二塊構合，支撐鼻背；骨梁指鼻的中央隆起部分，又稱鼻莖、鼻柱。
⑤顴骨為兩眼眶下外側之骨骼。
⑥頰骨指連間顴骨與頷頦骨（詳下）之部位。
⑦上口骨即口腔上部硬顎。
⑧癊通印；血癊即血印。
⑨頷頦骨即下頜骨，又稱頰車骨、牙鉤、下顎骨。
⑩方言詞，約等同於國語中的「卡」。

又檢得吳氏顖門骨①連左額角、左眉棱骨②具有血癊，赤色，上頭牙齒七個紅色，頷頦骨青赤色，項頸骨③第二節尖上有血癊，赤色，顖門骨浮出腦殼之外少許，委實被勒身死。

【原文語譯】

乾隆五十年，江西省余干縣民余曾氏謀殺胡開桂和吳氏這個案子：檢驗屍首發現胡開桂的眼眶骨連鼻梁骨、兩顴骨、兩頰骨、上口骨都有青黯色的血印，下口骨有紫紅色血印，上下牙齒中有十顆泛紅色，頷頦骨有紫紅色血印，可以判斷他是被卡勒而死亡。

至於吳氏的顖門骨連左額角、左眉棱骨都有赤色血印，上頭牙齒有七顆泛紅色，頷頦骨為青赤色，項頸骨第二節尖上有赤色的血印，顖門骨還略略浮出腦殼之外，可以判斷她是被勒斃的。

① 息即囟，顖門即囟門；顖門骨指頭骨頭頂偏前部位。
② 為額骨的眶部，在眼眶的上緣。
③ 古人把頸部分前、後兩部分。前為頸部，後稱項部。項頸骨即頸骨，係頭之莖骨，肩骨上際之骨，俗名天柱骨。

【現場鑑識與法醫學分析】

縊死或勒卡而死的致死原因有：

一、呼吸道造成閉鎖，使肺部氣體交換機制失能。

二、頸部血管遭到壓迫，使頭部缺血而腦部失能。

三、頸部滿佈神經，縊或勒卡會造成刺激和神經失能。

判斷自縊或遭人勒卡（他殺），可參考下表：

檢查項目／自／他殺	遭人勒卡（Strangulation）	自縊（Suicidal hanging）
縊勒位置	多在喉結，甲狀軟骨之下，故舌骨及甲狀軟骨通常破損	多在喉結，甲狀軟骨以上之上，故舌骨及甲狀軟骨會較完整
縊勒方向	接近水平	為傾斜方向
縊勒深度	除繩結壓迫處之外，其他部位的勒溝壓痕深度較均勻，深淺一致	弧深斜淺，縊溝在最低部位最深，向兩側上升時深度漸淺，最後壓痕消失
痕跡是否閉鎖	多為閉鎖無中斷	呈v形或馬蹄形

現在醫學所稱的窒息，代表的是缺氧（lack of oxygen）、無脈搏、無呼吸、無血液循環（absence of pulsation, respiration, blood circulation）等狀況，窒息現象是現場處理人員在處理命案時經常見到的情況，從案情較為單純的自縊（hanging），到人為勒死（strangulation）、扼死（throtting）、悶死（suffocation）後再加工成自縊的複雜現場均有可能遇到。缺氧死亡的人，屍體上可能會有下列表徵出現：

一、組織腫脹：不論是被人卡死或是被人勒死，都和縊死一樣，係受到外力的壓迫，導致頸部或喉部的血管及神經遭受破壞。血管遭破壞，頭部血液循環出現困難；神經遭破壞，則心跳與呼吸本能也會停止而致死。當頭部血液循環出現狀況，血液回流受阻，腦部壓力可能上升，本案死者吳氏還因此而腦壓過高，使得顱門骨浮出腦殼即是。常見的窒息死亡，組織腫脹徵候尚包括生殖器官腫大等。

二、顏面黯淡與出血點斑：缺氧狀況下，顏面因為腫脹發紺，所以色澤偏黑，這即一般人所認識的「臉色發黑」。在頸部或喉部遭受壓迫時，比較脆弱的靜脈會先受損，頭部血液無法回流身體；但壓力大且較有韌性的動脈還存在一部分功能，因此身體的血液仍往頭部輸送，所以縊死或被卡、勒死的人臉部會出現瘀血（即為本案例中所述之血癊）。若再細部觀察，可以發現在皮膚、特別是在黏膜處，可能會有微細的出血點斑痕出現，此為微血管末梢出血所致。本案所記載的兩名死者，其頭部都明顯具有以上缺氧而死的屍體顏色特徵。

三、眼瞼膜出血點（petechial hemorrhages）：除了本案例所提到的以上表徵外，頸部受到壓迫死亡的人，在頭部微血管大量分布的地方如眼球等部位，也都會有點狀的出血現象。

四、四肢與體表損傷：除非當事人死意甚堅，否則在死亡過程中，缺氧造成中樞神經系統功能失調，可能會出現煩躁、痙攣、判斷力下降，甚至後悔想要求生而四處亂抓的狀況，這會造成身體四肢及體表的損傷。如果發現相關損傷，要先初步判斷這些傷勢究係生前受傷或死後受傷、係自為或他為所造成，並將這些訊息提供偵查人員參考。本案例中，女死者的項頸骨有受外力傷害所留下的血印等跡象，明顯有他殺的嫌疑，若對其進行解剖，或許尚可發現甲狀軟骨上的明顯傷痕，這些他為傷痕的成因即是追查兇嫌的重要線索。

五、傷痕位置：既為縊死，因為重力關係，理論上繩索等物品造成的頸部傷痕應與重力方向平行且相反，若傷痕太過垂直，就有他殺的可能。另有一種特別的情況必須要說明，那就是死者死意甚堅，採坐姿自吊而死，在此情況下便較難單由索溝

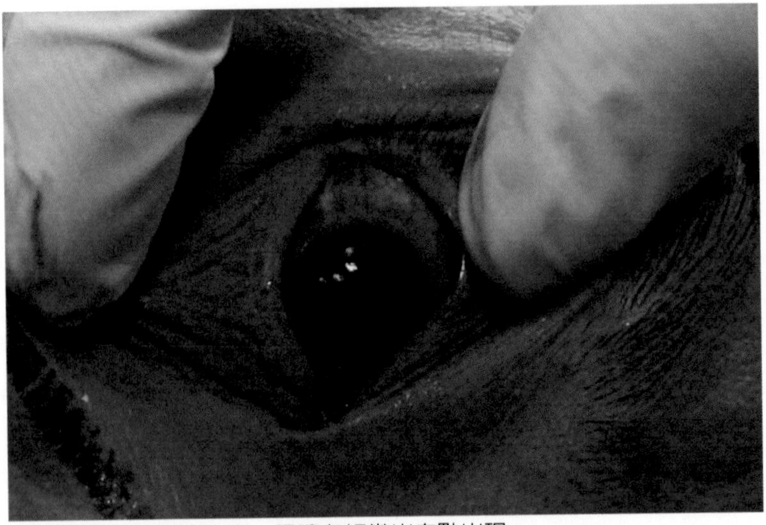

頸部受壓迫窒息死亡者，眼睛有細微出血點出現

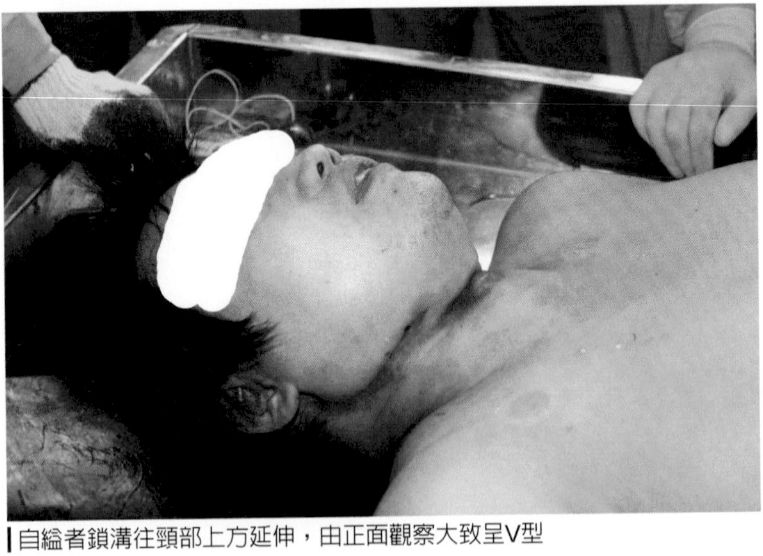

自縊者鎖溝往頸部上方延伸，由正面觀察大致呈V型

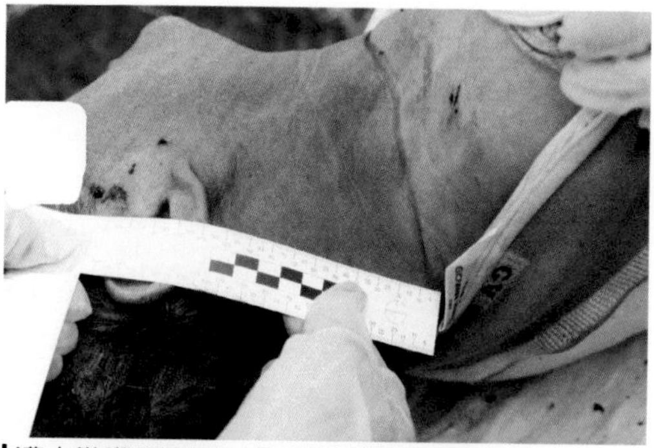

遭人勒殺而死者，頸部鎖溝較平行

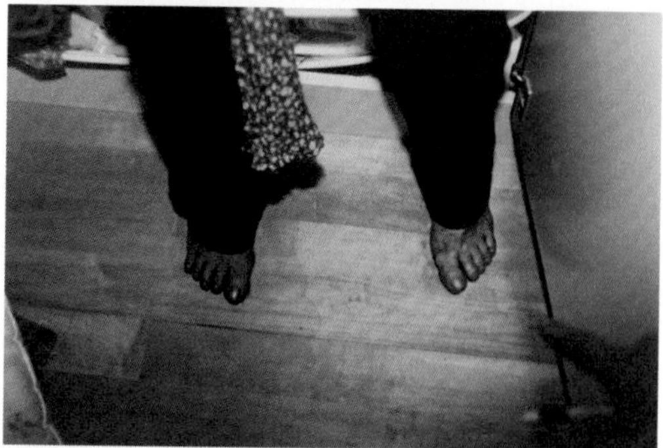

高度不足也可造成縊死的情況，地上濕潤為小便失禁所致

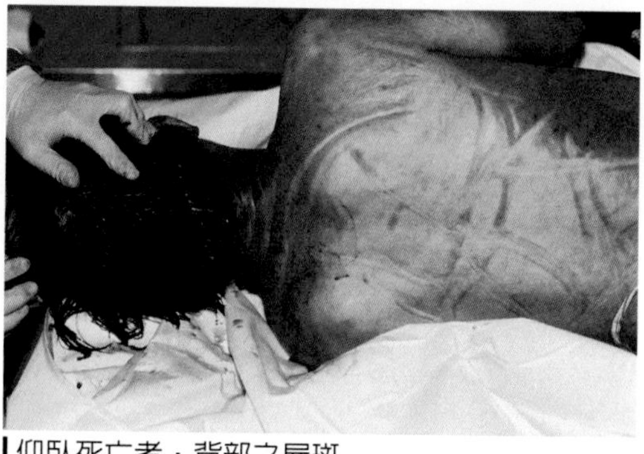

仰臥死亡者，背部之屍斑

位置來判斷係他為或自為。此時尚須綜合繩索、繩結、相關體位、動機等進行完整判斷。今日判斷自縊還可透過法醫解剖，檢視死者是否有頸椎傷害的情況。部分自縊者，其因身體重量及掙扎之故，其頸椎可能斷裂或受傷，此與遭人勒死者情況不同，此亦是判斷死亡為自為或他為的重要根據之一。

六、屍斑（post-mortem hypostasis）位置：屍斑的形成是因為死後血液停止流動，因重力沉降所致，所以會出現在屍體最靠近地表處。某些地方因屍體最靠近地表處的骨頭與組織受堅硬表面的壓迫，反而不會出現屍斑。屍斑在死後約半到一小時即可出現。當屍體開始腐敗時，屍斑會變得不明顯。上吊死者的屍斑會集中於腳部及手部自然下垂處①。本案例雖未說明屍斑的情況，但一般而言，若勒殺後未馬上偽裝成自縊現場，則屍斑固定後，就算再偽裝成上吊現場，亦可輕易地由屍斑分布狀況看出端倪。

①今日發生刑案，初抵現場的員警，若發現屍體有明顯屍斑存在，即不再需要呼叫救護人員到場，而應以維持現場完整為首要任務。正常情況下屍斑應出現在屍體靠地表處，若否，則表示死後屍體曾遭移動過，如此就必須要追查屍體遭到移動的原因。不同的死因，屍斑亦有所不同：一氧化碳、氰化物中毒，或低溫及冷藏會產生紅色屍斑；生前大量失血則屍斑較淡或甚至不會出現屍斑。

至於多數人認為包括自縊者在內的缺氧死亡者，舌尖會外露，這係受到過往電影或是相關民間傳說故事的影響。真正的自縊者，許多並未發現舌尖外露的狀況。因此以舌尖位置來判斷是否為勒吊致死，並不準確。

【今日相關參考案例】

〔**臺灣某報訊**〕臺中市張姓男子被控殺死同居詹女。一審認定詹女是酒精中毒而跌倒死亡，判處張某無罪，但臺中地檢署法醫解剖發現死者頸部中下方皮下組織有小區域出血，死者眼結膜也有點狀出血情況，疑遭以寢具等軟物重壓頸部而窒息死亡。不過解剖發現死者的舌骨、頸骨並未折斷，顯示勒頸的力道不大，兇嫌應無致人於死的意圖，因而認定詹女係遭傷害致死，改判張男有期徒刑十一年。

〔**臺灣某報訊**〕新北市三芝一名王姓女子被父親發現在房中上吊，警方發現現場凌亂、門被踹壞，懷疑死因不單純。由於王母的許姓同居人曾與死者發生衝突，還被王女指控性侵，警方懷疑許男涉案，追查發現許嫌當天清晨確曾搭車離開現場。昨晚警方逮捕許嫌，許嫌坦承犯案，供稱當天從四樓垂降到三樓，侵入王的房間將她勒斃，並布置成上吊假象。

許嫌供稱，曾給死者一張提款卡，死者竟領光他戶頭裡八十萬元，還染上毒癮，他一時衝動才痛下毒手，但很後悔、很想她。王女父親難過表示，女兒今年才滿十八歲，就算真的領光許嫌的錢，也不需要殺人，嫌犯實在太殘忍了。

警方調查，王女國小時父母離異，跟母親與許嫌同住，母親去年自殺身亡，王女控訴遭許嫌性侵五年，並搬回生父住處，稍早王女帶友人回到許嫌住處飲酒作樂，許嫌發現持棍毆打王女友人，被控告殺人未遂，警方懷疑因此而引起許嫌的殺機。

〔臺灣某報訊〕臺中市發生姊弟戀兇殺案，一名二十七歲海軍黃姓現役軍人，和交往四、五年的女友吵架，結果拿童軍繩將女友勒斃，男子還故佈疑陣，假裝睡醒找不到女友，後來發現女友在樓梯間上吊自殺，然後他再抱著女友送醫。

行兇當天中午，兩個人還高高興興帶著心愛的小狗到霧峰遊玩，同行的還有女友的二個姊妹，在教堂前面拍照時，女友還搞怪擺POSE，沒想回家後，掌鏡拍照的同居男友竟然會殺了她。

警方調查，黃姓男子和女友掃墓完回家吵架，結果失手勒死對方，擔心犯行曝光，還演戲故意給大樓監視器拍。他先假裝睡醒後找不到女友，一邊打電話找人，然後搭電梯到一樓大廳，問管理員有沒有看到他的女友，幾分鐘後，他才匆匆忙忙抱著女友衝下樓自行送醫，再對外謊稱是女友上吊自殺。

黃姓嫌犯原先供稱，女友在住家旁的樓梯間，用童軍繩上吊，但警方發現，繩子打結處的上方有血跡，顯然不是死者自己生前上吊，最後突破嫌犯心防，才讓他認罪。

木之部・之四・葉汁偽傷

【案情提要】

本文選自〔宋〕《棠陰比事》①，為一兩造鬥毆的傷害案。當事人體格一強一弱，但初驗發現二者皆遍身有傷。經時任沙縣縣令的李南公親自複驗之後，發現體格孱弱者身上

① 《棠陰比事》為〔宋〕桂萬榮所撰，〔明〕吳訥刪補。桂萬榮為鄞縣人，由余干尉仕至朝散大夫，直寶章閣，知常德府。吳訥字敏德，號思菴，常熟人。永樂中，以知醫薦。仁宗監國，聞其名，使教功臣子弟。洪熙元年，擢監察御史，官至右都御史。謚文恪。吳訥事跡具見《明史・本傳》。《棠陰比事》書前有嘉定四年桂萬榮自序，稱取和魯公父子《疑獄集》，參以開封鄭公《折獄龜鑑》，比事屬詞，聯成七十二韻。又有端平甲午重刻自序，稱以尚右郎陛對，理宗諭以嘗見是書，深相褒許。關於《棠陰比事》書名的由來，首二字「棠陰」即「棠蔭」，係取自《詩經・召南・甘棠》。本詩係一首讚美召伯聽訟的詩（甘棠，即杜梨，又名棠梨，葉圓而有尖，花呈水紅色，果實扁圓而小，纍纍枝頭，味酸甜。因為甘棠枝幹高大，所以古代常在社前種植，稱為社木。古代的社，是聽訟斷案的場所，也是敬奉社神之處。據說召伯曾在社前的甘棠樹蔭之下聽訟斷案，由於斷案公正無私，人們都愛戴他，便傳唱起這首〈甘棠〉。詩的字面意思是說要愛護社前的樹木，但其實是以詩寄託對召伯的懷念）。至於書名後二字「比事」，據桂氏在《序》中說是「比事屬辭」的意思，也就是排比事類、連綴文辭的意思。

傷痕為真，而體格壯碩者身上傷係以櫸柳葉及皮塗抹之後的假造傷勢，因而查清此案究竟何者為加害人、何者為被害人。

【案件紀錄】

尚書李南公①知縣沙縣②，日有鬥者，甲強乙弱，各有青赤痕。南公以指捏之曰：「乙真甲偽。」訊之果然。蓋南方有櫸柳③，以葉塗肌，則青赤如毆傷者。剝其皮橫置膚

① 尚書，官名，始置於戰國時，或稱掌書，尚即執掌之義。秦為少府屬官，漢武帝提高皇權，因尚書在皇帝左右辦事，掌管文書奏章，地位逐漸重要。漢成帝時設尚書五人，開始分曹辦事。東漢時正式成為協助皇帝處理政務的官員，從此三公權力大大削弱。魏晉以後，尚書事務益繁。隋代始分六部，唐代更確定六部為吏、戶、禮、兵、刑、工。從隋唐開始，中央首要機關分為三省，尚書省即其中之一，職權益重。宋以後三省分立之制漸成空名，行政全歸尚書省。元代存中書省之名，而以尚書省各官隸屬其中。明初猶沿此制，其後廢去中書省，徑以六部尚書分掌政務，六部尚書遂等於國務大臣，清代相沿不改。李南公，字楚老，鄭州人。進士及第，調浦江令。當郡中官吏狡猾把持縣政，南公一一捕繫正法。知長沙縣時，有嫠婦攜子再嫁，七年之後，前夫族人欲要回其子，婦女誣其子非與前夫所生，因而興訟。南公問其子年歲，前夫族人說九歲，婦女說七歲。南公再問其子換齒情況，婦女回道：「去年都掉光了。」南公詰道：「男生八歲才會掉光乳齒，你還爭什麼？」遂歸其子回族。由以上二例可見李南公確有公正執法之能力與魄力。

② 沙縣在今福建中部，南朝宋置沙村縣，隋改沙縣，旋廢除，唐復置。

③ 落葉喬木，學名楓楊。羽狀複葉，互生，小葉長橢圓形，有毒。堅果兩側具有長橢圓形斜長的翅。木材輕軟，可製箱板、火柴桿等，樹皮可取纖維製繩索，種子可榨油。

上，以火熨之，則如棓傷①，水洗不下。但毆傷者血聚則硬，而偽者不然耳。

【原文語譯】

尚書李南公擔任沙縣知縣時，某日獲報有人相鬥，兩造中，某甲身體強健，某乙則較為瘦弱，但雙方身上都有打鬥後所留下的青赤色瘀傷。李南公親自用手捏捏雙方身上的瘀傷後認定：「某乙身上的傷是真的，某甲則不是。」經過訊問後果然如此。原來南方有種植物叫欅柳，拿它的葉子塗在肌肉上，會留下如被人毆傷的青赤色。將欅柳皮剝下敷在皮膚上，再用火熨一熨，皮膚上則會留下像是被棒子打傷的痕跡，用水還洗不掉。不過若真遭打傷，血液會在傷處凝聚變硬，據此便可判斷真偽，假傷摸起來可不硬。

① 棓，即棒的俗字。《淮南子・詮言訓》：「王子慶忌死於劍，羿死於桃棓。」高誘注：「棓，大杖。」《新唐書・李嗣業傳》：「常為先鋒，以巨棓笞鬥，賊值，類崩潰。」（清）俞樾《茶香室叢鈔・旱魃》：「果見火光入農家，以大棓擊之，火焰散亂，有聲如馳。」棓傷即棒傷。

【現場鑑識與法醫學分析】

本案例亦屬生物鹼引發生理反應之一例。櫸柳即楓楊，於江南各省常見。櫸柳是當地的土名。樹葉有毛，本身富含水楊酸（Salicylic acid）。水楊酸又名柳酸。水楊酸易溶於乙醇、乙醚、氯仿、苯、丙酮等，不易溶於水，存在於自然界的柳樹皮、白珠樹葉及甜樺樹中。

水楊酸有角質溶解之效用，因此可作為角質軟化劑使用，因製劑濃度不同而藥理作用各異。一%至三%有角化促成和止癢作用；五%至一〇%具有角質溶解作用，可使角質層中連接鱗細胞間粘合質溶解，從而使角質鬆開而脫屑，亦可產生抗真菌作用；濃度達到二十五%就具有腐蝕作用。過濃的水楊酸可引起接觸性皮炎。大面積使用吸收後將出現水楊酸中毒症狀，如頭暈，神志模糊，精神錯亂，呼吸急促，持續性耳鳴，劇烈或持續頭痛，刺痛等。

櫸柳皮經加熱會溶出鞣質。鞣質又稱單寧（Tannins），是酸性物質，能收縮血管，同時能使蛋白質由原本所溶解的中性的環境，轉到酸性環境中而產生沈澱。若接觸到皮膚，則會產生局部硬結。

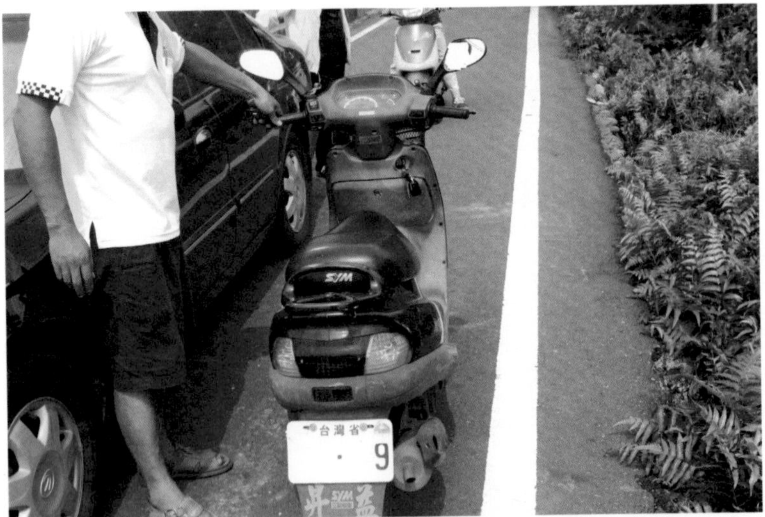

疑似意外車禍案件，須現場比對高度，以瞭解傷口是否符合案發實際情況

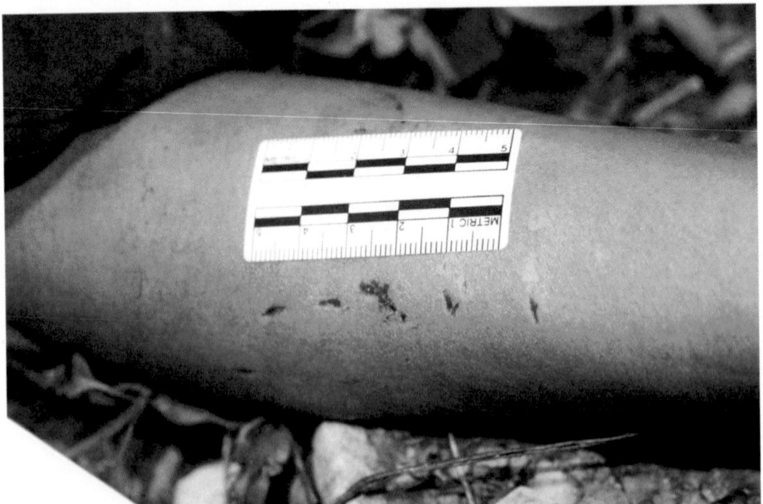

若只從單一傷口觀察指甲抓傷再被昆蟲啃食的皮膚傷口，容易發生誤判

本案嫌犯以富含水楊酸及鞣質的櫸柳葉和皮加諸其身，水楊酸先溶去皮膚角質，降低了皮膚的防禦能力，而鞣質再在皮膚上產生色素沈澱和硬結效果，便製造出假的傷痕。不過嫌犯與被害者的身材差距已夠讓人生疑。後因李南公親自驗傷，果然發現犯嫌身上之傷為假造，就這樣識破了犯嫌的詭計①。今日案件偵查中，執法人員也會就傷勢之方向及程度等來相互模擬，若發現不合邏輯的傷痕存在，就會進一步探求成因，這樣的做法往往也能幫助破案。

① 現代社會中偽造傷痕的情況亦時有所聞，且在巨大保險利益或民事賠償的誘惑下，有人會偽造各種傷口，以達到詐領錢財的目的。例如以巨大的紗布包裝遮掩，甚至不惜以苦肉計如切斷手掌等方式來騙取保險理賠。

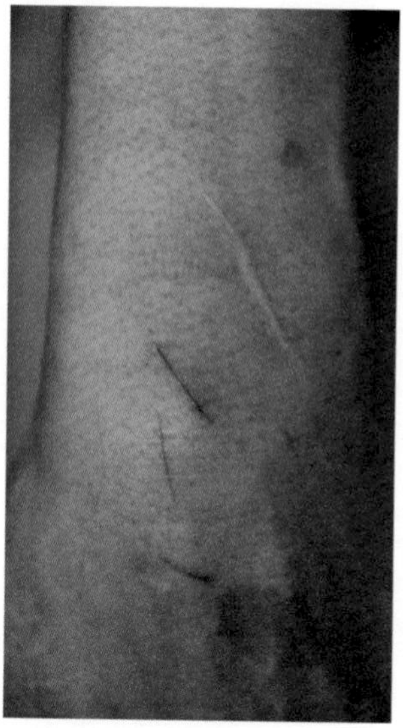

嫌犯打破車窗行竊後手部遭玻璃割傷，傷口與其偽稱單純抓癢致傷並不符合

本案例的假造傷痕，除了有色素沉澱及結痂效果與真正擦傷不同的破綻外，今日法醫學還有其他的做法：就可疑部位取樣，以組織化學染色觀察的方式，在顯微鏡下觀察組織變化情況來判斷傷勢真偽。比起本案例李南公用視覺和觸覺來判斷，準確度要更高！

在有人員傷亡案件中，當事人可能先殺死對方，再偽裝成共同殉情不成獨活的情況，又或者偽裝成先被對方攻擊，再出於自衛不慎殺死對方。同時嫌犯也可能以刀具自殘，企圖蒙騙執法人員。這些偽造他為以求降低自己嫌疑的傷口，都可以透過法醫及醫生的判斷，如傷口形成的時間差、是否為防禦傷痕等，加上鑑識人員對於現場位置、用刀習慣、生活相處方式、血跡噴濺型態，再配合生物鑑識的結果等作綜合判斷，多方分析之下，便能得出更精準、更接近事實的判斷結果。

【今日相關參考案例】

〔**臺灣某報訊**〕新北市一名廖姓男子，因為不滿交通局人員在住家附近畫紅線，大聲咆哮，剛好員警路過，上前關切，沒想到這名男子竟然和警方爆發肢體衝突，事後ＰＯ網，指控警察打人，還猛踹他的身體，造成多處瘀傷；不過警方表示，這些傷痕都是男子自己刮痧刮出來的，不排除控告對方妨礙公務。

搜證影片中可見廖姓男子眼神凶狠，不斷靠近警察，下一秒，雙方爆發拉扯衝突。廖姓男子被員警壓制，蹲在機車旁。但他之後上網PO照，控訴警察打人。照片中的他躺在病床上，大大紅色傷痕，從頸部蔓延順著胸口弧度，有如被利刃劃過，讓人怵目驚心，甚至連側腰部都瘀傷累累；但看看警局監視錄影帶中的廖男，神色自若、還帶著淺淺微笑，身上也沒有照片中那麼多處的傷痕。

目擊民眾表示當時執勤員警並沒有施暴。其實警方在發生推擠後，為求自保，第一時間就帶廖姓男子去驗傷，而承辦員警右手臂和右膝蓋也因為要制服廖姓男子而多處擦傷。因此警方不排除控告對方妨礙公務。

〔臺灣某報訊〕葉姓男子酒駕闖禍，直接及間接造成三人死亡。眼尖的網友透過某新聞台影片，提出二大疑點，質疑葉男看似嚴重的傷勢是假造，企圖博取民眾的同情：

一、如果葉男頭部受傷，不可能戴著有點緊的棒球帽。臺灣某報社曾向葉男車禍先送急救的阮綜合醫院查證，院方表示，葉男頭頂並沒有外傷，僅左臉頰、下巴、額頭有擦傷。

二、若葉男車禍腿部嚴重骨折，腳部的血液循環會變差，腳掌應該會腫脹得十分嚴重，但葉男的腳卻不見腫脹的痕跡。

【臺灣某報訊】台裔日籍婦人本間氏指控某航空公司空服員搬行李時砸傷她的眼，欲索賠上千萬天價，並在眼睛化妝偽造傷勢，她求償不成，反被依誣告罪起訴，臺北地院昨首次開庭，被告聲請解除限制出境，法院要求以一百萬元擔保，本間則在庭外落淚說「我沒錢」。

本間昨天出庭時，也否認涉及誣告，強調自己「真的是受傷了」。原先本間主張，她由桃園國際機場搭遠航班機赴高雄小港機場，當時的空服員徐女、林女協助其他乘客搬運行李上架時，行李不慎滑落砸到她，造成她左眼失明、左臼齒碎裂，因此控告兩人涉業務過失重傷害罪，並在民代協助下舉行記者會。

但檢方認定案發時的確有行李滑落，惟僅輕觸到本間臉頰，檢方認為本間的眼睛傷勢乃是「事後化妝加工而成」，認定她涉嫌偽造傷勢，依誣告罪將她起訴，求刑二年六個月。

火之部

火之部・之一・死後焚屍

【案情提要】

本文選自〔宋〕《折獄龜鑑》①，為妻子謀害丈夫的一宗兇殺命案。妻子為了毀屍滅跡，將家屋一把火燒掉，結果反而使夫家親屬生疑。經過句章縣令張舉的焚豬實驗，確定動物生前被焚，呼吸道必有煙灰，反之則無。再驗丈夫屍首，呼吸道果然無灰，因此落實了妻子的犯行。

①《折獄龜鑑》又名《決獄龜鑑》，〔南宋〕鄭克所著。此書係在五代和凝父子的《疑獄集》基礎上成書，書分為二十卷：釋冤、辯誣、鞫情、議罪、宥過、懲惡、察奸、擿奸、察慝、證慝、鉤慝、察盜、跡盜、譎盜、察賊、跡賊、譎賊、嚴明、矜謹，收各類案例故事三百九十五則，並附以作者的論斷。《折獄龜鑑》為著名案例彙編，編者通過對各個案例的分析和評論，總結歷史上有關決疑斷獄和司法檢驗的各種經驗，基本上符合科學鑑識和辯證的要求，是瞭解和研究古代司法情況的重要參考材料。

【案件紀錄】

張舉①，吳②人也，為句章③令。有妻殺夫，因放火燒舍，稱火燒夫死。夫家疑之，訴於官，妻不服。舉乃取豬二口，一殺之一活之而積薪燒之。活者口中有灰，殺者口中無灰。因驗屍，口果無灰也。鞫之服罪。

【原文語譯】

後趙吳人張舉擔任句章縣令期間，承辦一件妻子殺夫的案子，為怕東窗事發，妻子殺夫後放火燒掉房子，再偽稱丈夫是被火燒死的。夫家親人有所懷疑，於是告官，死者妻子卻打死不認罪。張舉於是抓來兩隻豬，一隻宰掉、一隻留活口，然後堆了木柴同時加以焚

---

① 歷史上的張舉有二，一為東漢末期人物，曾為泰山太守，後自號天子；二為十六國時期後趙的太尉。按後趙為十六國之一。羯族石勒所建。都襄國，後遷鄴。後趙強盛之時，疆域有今河北、山西、陝西、河南、山東及江蘇、安徽、甘肅、遼寧的一部分。本文張舉斷案機敏，不似莽稱天子者；又其曾曾任句章令，地正處後趙，故此處張舉當為後趙人物。

② 地域名，為中國東南如江蘇南部和浙江北部一帶的泛稱。

③ 句章於秦時始設縣，地域包括江北和今鄞縣北鄉及西鄉、鎮海區、余姚一帶地方，舊屬會稽郡。

燒。待火熄後取來兩豬解剖，活活燒死的豬，其口中有灰燼；死後才加以焚燒的那隻豬，口中則沒灰燼。張舉再以此為根據，檢驗死者，發現他口中並無灰燼，據此訊問死者妻子，她便認罪了。

【現場鑑識與法醫學分析】

火場致死的主要原因可能有：

一、一氧化碳中毒，造成身體嚴重缺氧。

二、大量煙灰嗆入呼吸道，造成窒息死亡。

三、火場其他因高溫所釋出之有毒氣體中毒。

四、嗆昏後尚未死亡，再遭火場高溫燒死。

五、逃生不及，遭崩塌的物品重擊或壓迫死亡。

遭妻子謀殺的丈夫，因妻子死不認罪而案情陷入膠著。於是句章縣令張舉以豬隻進行實驗，重新模擬犯罪現場。實驗所得出的結果是：活活燒死的豬與死後焚化的豬，二者最大不同處在前者呼吸道會遺留下煙灰，而後者則無。以此標準再驗丈夫屍首，果然發現丈夫呼吸道中並無煙灰。從頭至尾堅持丈夫死於火災的妻子，其犯行不揭自露。雖然以現代觀點來看，本案例由呼吸道煙灰的研判生前或死後遭焚，可能會有些不精確，不過難能可貴的是縣令張舉具有「實驗」的精神——重新模擬犯罪的舉措，隱含了現代「現場重建」的觀念。現代美國亦設有多處「人體農場」（body farm），模擬不同情況下，人體腐敗的情況。在中國古代宋朝，先人已有此智慧，知道利用實驗進行屍體變化的模擬，實在已走在時代尖端。

本案例死者是先遭殺害後焚屍，現場徵象當然與意外遭焚或自焚者係在有生命及意識下著火的情況有所不同。以下列出幾項判斷死者生前遭焚與否的重要鑑識項目：

一、觀察屍體的姿勢：在有意識狀態下遭到火燒，身體遭受焚燒所引起痛楚相當劇烈，常人多難以忍受，在此情況下死亡的的屍體姿勢通常會呈現劇烈收縮等痛苦狀態（拳擊狀姿勢），或基於自保本能，其屍首較可能呈現用兩手護胸的自我保護性姿勢。若是屍體陳屍狀態太過安祥，沒有太大掙扎跡象，就要懷疑可能是死後（他殺）遭到焚屍。不過要特別說明的是，屍體未有痛苦掙扎跡象，係提醒檢警必須「懷疑」此可能係死後焚殺案件，但部分生前焚燒案例如當死者係因劇痛休克時，也有不出現痛苦掙扎狀況的。因此吾人不能單就屍體的姿勢貿然判定死者的死亡狀況。另外部分死後遭焚的屍體，肌肉遇火萎縮，全身所有關節處也會呈現蜷縮狀態，兩手也會呈握拳狀，所以欲根據兩手握拳與否判斷死者是否死後遭焚，亦當同時注意陳屍現場的碳化程度才行。〔清〕《折獄龜鑑補》記有一案，提到死後遭焚屍首握拳的特徵，可以參考：

山右民婦有外遇，久之為夫所覺，尚隱忍未發也。婦微窺其意，告於所私，謀斃之。一夕其夫醉臥，遽以帛勒其項，已氣絕矣！復恐跡彰，自焚其舍，屍通身焦黑，頸項模糊，方喜得計。報官驗視，婦搶地哀號，泣訴。官曰：「爾非與夫同室耶？」曰：「然。」「然則曷為夫死而爾生？」曰：「火起時因其醉臥，推之不醒，及焰熾，不得已捨之出走，故免於難。」官曰：「此係死後被焚，非生前之故。」婦抗詞不屈，官曰：「是無難辨，視爾夫死兩手握拳，如果焚在生前，雖醉人亦必以手護痛。今緊握其掌，其為死後不能運動可知，如不吐實，不汝宥也。」一面飭殮，仍帶婦至署，嚴鞫之，婦不能隱，遂並逮姦夫正其罪。

二、觀察死者皮膚情況：因燒傷而死亡的屍體，在未完全碳化情況下，通常會在燒傷區域及其邊緣產生大範圍的水（血）泡、紅斑、血管網狀的痂皮等生體反應，若為死後焚燒則紅斑等情況可能不出現或是不明顯。但是水泡形成與否，如同鑑定死者呼吸道煙灰一樣，僅供參考，不能作為判斷的單一根據。

三、觀察身體燃燒位置：若是自焚而亡的情況，澆淋縱火劑之處通常為手部較容易觸及的部分，如胸部、頭部正面及頭上方等，這些地方也會燃燒得較為嚴重。若屍體有違此現象，就要懷疑是否有他殺後再偽裝成自殺的可能。

四、觀察屍體是否受到拘束：除了少數自焚者可能故佈疑陣，例如先綑綁自己再引火焚燒等，大部分生前意外遭焚者，其身體通常處於自由狀態，若屍體姿勢反映出遭到相當拘束，例如雙手綑綁在後等情況，均需懷疑死者有死後焚燒或是他殺的可能。不過要作此研判前，最好先參酌法醫檢驗報告，瞭解死者身體內藥毒物殘留狀況，得知死者是否為受到藥毒物影響而造成昏迷死亡後，在沒被拘束情況下而直接遭到焚燒。

五、自殘性傷害痕跡：有些遭焚的屍體上可能會出現一些傷痕，不論是否為意外致傷、試探性的表淺性猶豫自傷，或是較深度的傷害，這些自殘性傷口必須得是死者生前可自行造成，如自身可觸及的狀況。若是傷口不符合自殺者自傷的特徵，例如其為防禦傷或是死後傷，或為手部不可及之處等，就需懷疑有他殺之可能。

六、觀察死者呼吸器官中是否有吸入黑色煙塵：多數人認為，可由肺部或氣管是否吸入黑色煙塵，來判斷死者是否為生前或死後焚燒。但此種研判方法有可能不夠精確原因在於一些生前遭焚的死者可能因為劇痛而產生神經性休克，使其呼吸作用快速停止，如此便無法在肺部或氣管見到黑色煙塵。正確的觀察態度應是：肺

死後焚燒的屍體，未呈現痛苦掙扎的情況

部或氣管有吸入性的黑色煙塵，則可能為生前焚燒，若無吸入性的煙塵，則生前或死後焚燒均有可能。本案例中，「因驗屍，口果無灰也」，那是因為古時能用以縱火的質材不多，而且這些質材所產生的煙灰較重，所以依此就可略判死者是生前遭焚或死後焚屍。但時迄現代，各種可用為縱火劑的石油化學產品眾多，若是快速易燃的物品，產生的煙灰就會較少。如以呼吸器官裡是否有煙灰做為生前或生後遭焚的判斷依據，恐怕會出現失誤。

七、進行屍體毒物學鑑別診斷：若屍體檢出特殊毒物痕跡，務必要追查到這些藥毒物的來源，以及分析死者自行服用之可能性、體內濃度、藥物效果等，再做研判。假如其濃度已經超過正常人服用的標準，達到足以昏迷程度，則意外或自殘性傷害的可能性就大為降低（把自己迷昏再放火燒自己的難度很高），此時即須懷疑可能是他為的成分較高。

八、觀察現場是否有特殊安排：假若死者生前有特殊宗教信仰，或是特定偏好的場所，陳屍於這些場所，現場或已依其特殊信仰而有特殊安排，或是符合其生前生前的行為偏好，則自焚或意外的可能性相對較高；反之，死者若出現在其平時不會出現的場所，或現場擺設怪異、有打鬥痕跡，其死因就值得懷疑。

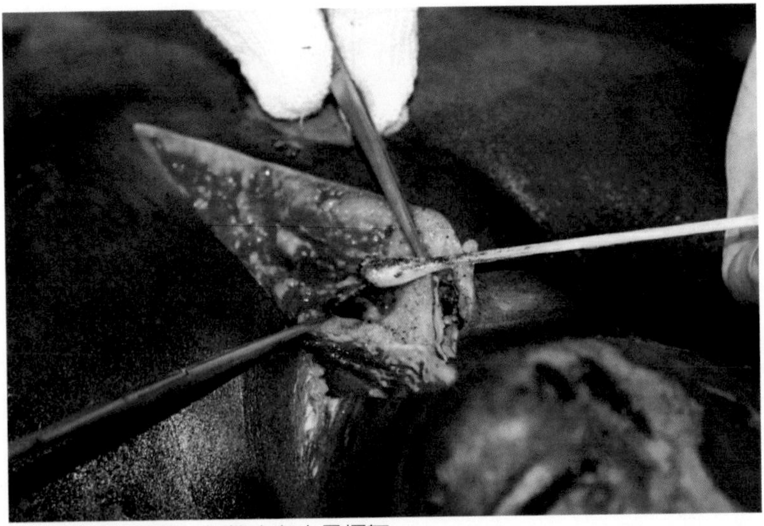

生前焚燒的屍體，氣管內有大量煙灰

焚毀嚴重的屍體，較難以由陳屍狀態研判生前或死後遭焚

許多犯罪者可能會認為「火」是湮滅證據的良好選擇，但以現在科技來說，雖然高溫可以破壞許多證物，但鑑識人員若輔以現場其他條件，仍可以掌握許多破案線索。像是觀察起火點、死者陳屍位置、陳屍處是否為避難角落等，或是探詢現場死者親屬友人以瞭解死者生前是否有自焚的動機、是否為自殺已預做安排、是否留有遺書等，以上均為幫助此類案件偵破的重要線索。

【今日相關參考案例】

〔**臺灣某報訊**〕桃園一黃姓男子如同往常一樣到菜園巡視。在園角撇見一燒焦的模特兒，以為又是尋常所見被附近居民丟置的廢棄物。行經該模特兒時隨手用鐮刀砍了它一下，發現它竟流出血來，於是急忙報警。

黃姓男子在桃園某處郊區有一塊空地。由於位置偏僻，常有不肖業者胡亂傾倒廢棄物。黃男也不以為意。昨日黃男又到菜園巡視，看見一被燒成焦炭的模特兒，隨手用來試試手上鐮刀的利度，沒想到砍出血來，嚇得馬上報警。

經初步驗屍，被燒死的是一名男性，屍體經焚燒後扭曲、僵直，雙手彎曲緊握，狀如模特兒。焦屍的面部朝上，未著外衣褲，面部、胸部和雙手雙足均嚴重灼燒成炭燼，難以辨認死者身分。但可以確認的是死者是遭到殺害後焚屍。

未久一吳姓女子告訴警方，她丈夫姜姓男子開車到桃園尋一吳姓男子收帳，即告下落不明。警方除安排認屍外，還後聯絡到吳男到案說明。吳男拒不吐實，警方於是再偵訊吳男之弟。吳弟坦誠其兄因與姜男有生意及情感方面的糾紛，因而動手迷昏姜男後殺害，再由他和其兄將屍體搬至棄屍處焚屍滅跡。全案宣告偵破。

〔臺灣某報訊〕臺中縣新社鄉驚傳殺人焚屍命案！一名二十歲的妙齡女子慘遭殺害，全身赤裸陳屍在新社山區，上半身還被兇嫌放火焚燒，檢警研判死者生前可能遭受性侵害。中午有民眾認出死者可能是大雅鄉一名檳榔西施，已經通知家屬指認。

女屍就倒臥在新社鄉協成村南華產業道路旁的水溝裡，地點十分偏僻，昨天傍晚當地果農發現裸屍，趕忙報警。警方蒐證發現死者全身赤裸上半身遭嚴重焚燒，臉部還覆蓋著燒毀的內衣褲及連身短裙，面貌已經燒焦無法辨識

由於死者內褲絲襪都被褪下，警方研判她生前可能遭到性侵害，下午檢察官會同法醫驗屍，證實了這項懷疑。驗屍結果也發現死者腦部右後方遭鈍器重擊，頭骨碎裂腦漿外

溢，就是致命傷。

檢警研判兇嫌殺人後蓄意焚屍還毀壞死者面容，種種跡象顯示極可能是熟人所為，目前根據死者的特殊人際交往關係追緝兇嫌。

〔大陸某報訊〕十二年前，湖北紅安二程鎮大堰村姚家彎村婦闕某遭人殺害焚屍。昨日得知犯下這一慘案兇手已被警方從十堰抓獲歸案，闕某的丈夫老姚擺上香燭，告慰妻子在天之靈。

十二年前夜裡那場大火，紅安二程鎮大堰村姚家彎村民姚大爺記憶猶新。當晚十時，該村停電，大部分村民提前入睡。「著火了，快救火啊！」突然，一陣呼救聲劃破寧靜的夜空，只見村民闕某的家已被熊熊大火籠罩。聽到火場有孩子的哭聲，幾位村民迅速披著濕被，衝進火場，將兩名五六歲孩子救出。大火撲滅後，闕某的屍體在柴房被發現，此時她已燒成炭焦，現場慘不忍睹。

接到村民報警，紅安警方緊急趕到現場展開調查。經法醫解剖、現場勘察，警方認定，死者闕某係生前致死後遭焚屍。幾輪案情分析後，警方判斷此案係仇殺，且兇手極有可能是本村人。

幾天後，一村民反映，闞某曾因村民姚某家的豬偷食園中的菜葉而與姚某發生糾紛，並砸壞了姚家的電視機。就在專案組傳喚姚某時，姚某突然去向不明。作為該案重點嫌疑人，姚某被警方通緝在案。

今年警方終於從十堰市得到姚某逃匿的線索。專案小組成員立即趕到十堰。當晚十一時，在當地警方的配合下，終於將改名換姓的姚某堵在該市城郊一間出租小屋內。

姚某看到警方破門而入，乖乖舉手就擒。案情果然不出警方所料，姚某惱恨闞某不僅不賠電視，反而每天指桑罵槐辱罵他。案發當晚，他潛入闞某家中，持刀殺死闞某，然後將其拖入柴房。並將照明蠟燭丟進柴房，製造殺人焚屍慘案。

姚某說，十二年來，他怕連累家人，從未與家裡聯繫。談起逃匿時，家中還有不滿二歲的女兒和結髮妻子，姚某稱因為牽掛她們，厭倦了東躲西藏的流亡生涯，好幾次打算投案自首。

火之部・之二・糞門炸死

【案情提要】

本文選自〔清〕《重刊補注洗冤錄集證》，為一發生在乾隆年間的情殺案。兇嫌得知妻子姘頭確為鍾儀陶後，將爆竹塞入鍾男肛門並點燃，爆竹爆炸後使鍾男身受重傷而亡。此案為一因情虐殺之案件。

【案件紀錄】

乾隆二十七年，會昌縣①羅輝華等因獲奸夫鍾儀陶，用爆竹插入糞門②點放致死一案。檢得鍾儀陶後面左臀骨有爆竹火沖傷③一處，長一寸五分，寬九分；右臀骨有爆竹火沖傷一處，長一寸五分，寬九分，委係受爆竹火沖傷身死。

【原文語譯】

乾隆二十七年，會昌縣民羅輝華和他的友人抓到與其妻通姦的男子鍾儀陶，便用點燃的爆竹塞入鍾的肛門，爆竹爆炸後導致鍾儀陶的死亡。驗屍發現鍾儀陶的左臀骨有面積約

---

① 會昌自漢至唐屬于都縣地。北宋太平興國八年（九八三年）始設縣，適逢鎮人鑿井得磚十二塊，磚上刻有「會昌」（唐武宗年號）篆字，故以「會昌」為縣名，今在贛州市東南部。會昌縣東南鄰福建武平，南接尋烏，西南毗安遠，西北連于都，東北交瑞金。為贛、閩、粵「三省通衢」之地。

② 糞門為糞便所出處，即肛門。《水滸傳・第四三回》：「〔李逵〕把刀朝母大蟲尾底下盡平生氣力捨命一戳，正中那母大蟲糞門。」〔清〕李漁《憐香伴・簾阻》：「我如今將文字捲做箇爆竹的模樣，等待臨場時節，塞在糞門之中，就是神仙也搜檢不出。」《孽海花・第廿一回》：「庫丁既知道庫衣萬難夾帶，千思萬想，就把身上的糞門，製造成一個絕妙的藏金窟了。」

③ 火沖傷為火藥燒燃爆炸後留下之特殊傷勢，既有爆烈傷，亦有燃燒傷。

一寸五分乘九分大的炸傷；右臂骨也有面積約一寸五分乘九分大的炸傷，經判斷鍾儀陶大概是被爆竹的爆炸沖擊而死。

【現場鑑識與法醫學分析】

火藥爆炸之所以能造成傷亡①，主要有幾種原因：

一、遭火藥外包金屬皮破片擊中。

二、遭爆炸震波震傷。

三、遭燃燒火藥高溫燒傷。

四、遭被爆炸破壞之外物，如建築物或車輛碎片擊中或壓迫受傷。

五、密閉空間內，因為爆炸致使氧氣燃燒殆盡而窒息死亡。

① 火藥在設計之初，即根據不同使用目的，做出不同的彈體結構。本案例使用的爆竹，主要用於節慶歡樂之用，通常以紙張包裹火藥，外接引火線，前後以黏土等封住。點燃爆竹後產生聲光音響，以達到娛樂的效果。若在戰場上使用火藥，則可能因為其他作用目的，製作出不同的火藥及彈體結構：例如推送子彈前進的單基或雙基火藥與爆破橋樑建築的黃色炸藥，其成分配置即有所不同；破壞車體的穿甲彈與殺人員的榴霰彈，其彈體結構及使用方式亦有所不同。不同的火藥應用對人體造成的傷害方式也不同：像穿甲彈在貫穿車體後，係產生高溫以殺傷人員；而榴霰彈主要在製造發射破片殺傷的效果。

爆竹係使用爆速較低的黑色火藥，若本案死者只在體表受到火藥炸燒傷，應僅能傷及臀部皮肉及直腸，傷勢仍能搶救。但死者肛門受炸後竟然當場不治，實是因為爆竹爆炸當下，震波與上衝氣流造成死者嚴重內傷所致。

決定爆炸造成爆震波傷害程度的條件有三：火藥的種類所造成的不同爆速、爆炸空間的大小、密閉程度之差異。簡單來說，爆炸威力取決於爆炸當下的壓力是否有足夠間可以釋放①。

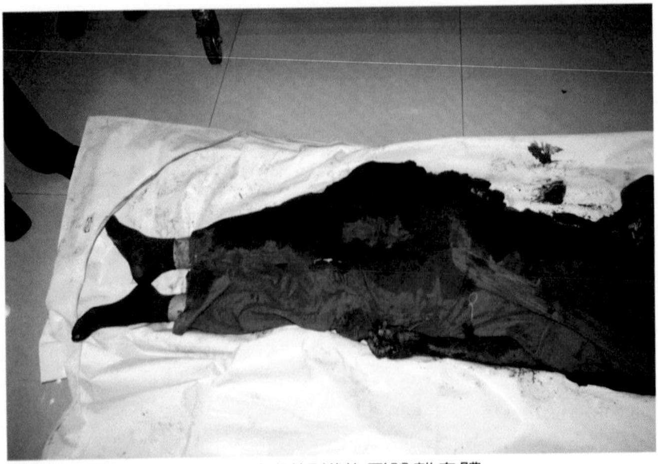
強大的爆炸力道使身體右側組織炸飛脫離身體

①爆炸時，以爆炸位置所在的壓力最大，在其他條件相同的情況下，爆央附近通常為損害最嚴重的區域；隨著距離而損害遞減。所以鑑識人員在檢視爆炸現場時，通常會以爆央為中心，做圓形的向外搜索和搜證。

爆炸現場的爆震波造成附近車輛車窗全部碎裂

少量節慶用爆竹，埋入地中，因壓力釋放空間不夠，可輕易地將土地炸裂

同樣質量的火藥爆炸，空間開放與否，會造成天壤之別的傷害①。一般人使用爆竹，常遇到的意外是點燃的爆竹在持爆竹的手指頭附近爆炸，這最多只會造成皮膚表面灼傷以及聽力的暫時損傷②；但以本案例來說，死者肛門內遭塞入爆竹，其爆炸後的震波直接傳至腹內，腹內器官血管容易受到震波影響而剝離、破裂，此即能造成腹內臟器大量的內出血；今日法醫解剖上較常見到者為肝臟或脾臟等臟器破裂所造成的死亡。此外，爆竹爆炸的氣流，順著直腸，上竄大腸、小腸等，使得腸道在很短的時間之內迅速膨脹，超過腸道的彈性所能負荷，腸道也會當場破裂而造成大出血。

人體的血液含量大約占體重的十三分之一，以一個六十五公斤的成人為例，在不考慮血液密度這因素下，體內血液約為五公升；外傷或內出血常引發的失血性休克（hemorrhagic shock），取決於失血量及速度，當急性失血超過全部血液的二〇％，即可能引發失血性休克，超過四〇％，即有死亡的可能。

① 現今消防安全宣導常告知民眾，若遇瓦斯漏氣情況，應避免開啟室內電源，還要趕緊將現場門窗開啟，並通報相關單位前來處理處理。其中開啟門窗的動作，除了用來降低易燃氣體的濃度外，萬一發生爆炸，瞬間產生的大量氣體有足夠的宣洩空間，將可大大地降低建築物牆面倒塌的機率，減少傷亡。

② 若是將爆竹握在手掌內再行點燃，由於壓力宣洩的空間不夠，容易造成很大傷害。國內就曾發生有暴力討債集團以此方式威脅被害人，造成被害人手指遭到炸裂的情況。

大量內出血除了造成血液循環失能外，出血壓迫到臟器，亦會影響其生理功能，像胸腔內出血，肺部遭到擠壓，將導致呼吸困難而死。綜合以上種種因素，本案死者可能係在劇痛及劇裂的內出血情況下休克而亡。

【今日相關參考案例】

〔大陸某報訊〕山東德州夏津縣，兩個修車工本想跟一個十三歲小學徒開玩笑，沒想到這個玩笑真是開大了。

夏津縣城某汽修店的兩個維修工為了開玩笑，竟然把高壓充氣泵塞入了年僅十三歲的學徒杜某的肛門，強大的氣壓瞬間擊穿了孩子稚嫩的身體，杜某隨即被送往醫院進行手術。

經診斷，杜某的大小腸出現了二十多處破損、穿孔，多個內臟器官嚴重受傷，出現胃出血、肝功能減弱等症狀，至今仍在重症加護病房，隨時有生命危險。杜舅爺董某告訴記者，醫生說還有一些指標在惡化，還需要持續加護。兒子意外受重傷，對於杜的父親來說簡直是晴天霹靂，這位三十八歲的莊稼漢子能做的就是守在加護病房外無奈地埋頭痛哭。

杜的親舅奶奶說，孩子七歲沒有母親，他的母親是病死的，欠了一屁股的債，他爸爸還得管地做家務看孩子。今年春天，為了學習一技之長幫父親養家，十三歲的杜某退學到一個汽修店當學徒。誰知才過了幾個月，孩子就遭到橫禍。

【大陸某報訊】上班族辦公時所坐的氣壓式升降旋轉椅，在中國驚傳爆炸致死案例。山東省膠州市一名十四歲少年小剛，日前在家上網時，調節升降所坐的旋轉椅，氣壓頂桿處突然爆炸失控，指頭粗的頂桿瞬間彈出，順著肛門頂進少年體內，少年送醫急救後仍不治。

小剛的家長傷心地說。事發當時，小剛獨自在家上網，在氣壓桿頂進肛門後，他急忙打電話給爸爸。急救人員到場時，他還能說話，送醫後臉色已經蒼白。

參與搶救的膠州市中心醫院醫生表示，氣壓頂桿失控後，瞬間彈起，順著肛門旁進入小剛體內，將臀部多條血管頂破，流出來的血積壓在小剛體內，經過一個多小時搶救，小剛終因失血過多死亡。

該院醫生表示，短短一個月內已經接診過三起類似案例，都是椅子的氣壓頂桿失控後頂傷人的臀部，只是之前的案例中，氣壓頂桿均未插入受害者體內，只造成小傷害。

近年中國已發生多起氣壓式旋轉椅爆炸案例。如山東煙台一名六十八歲老翁在家使用電腦時，被旋轉椅炸至重傷，送醫時已陷入嚴重失血性休克狀態。醫生指他直腸受傷嚴重，小腸破裂，有五公分傷口。手術時，醫生在其肛門傷口內取出二十多個彈簧絲、海綿、木屑、螺絲帽等雜物，還包括一枚十六公分長的鋼條。鋼條是從鈍頭射進去的，醫生強調，整根鋼條完全射入了體內，可見爆炸威力非常強大。

大陸一名上班族網友也曾在網上發布照片，照片顯示其辦公室氣壓旋轉椅爆炸的駭人場景：椅面被炸出大洞，炸出的碎屑還噴上天花板，把天花板上的日光燈管打爆。所幸當時椅上無人，否則後果不堪設想。

〔臺灣某報訊〕新北市五股區成泰路三段一家金紙工廠晚間發生爆炸意外，路邊的紅綠燈都被炸斷。

住在五股的四十一歲電腦工程師周女，昨晚剛下班從淡水開車返家途中，沒想到遇上大爆炸，現場就在她車子的正前方約三十公尺外，她目擊整個過程。第一時間她以為自己的車子爆炸，立刻打手機給任五股區福德里長的姨丈吳某。驚魂未定還講沒幾句話，就發現自己的左手腕骨折，脖子和右手也扭傷，動彈不得。過沒多久就被救護車送往台大醫院急救，後來才知道是香燭鋪發生爆炸。

周女的車未被大型物品砸中，外觀還算完整，擋風玻璃雖然整片龜裂但未掉落，但光是爆炸的震波，就讓她左手腕骨折、脖子扭傷需用頸圈固定，加上距離至少三十公尺，可見爆炸威力的強大。

火之部・之三・雷擊致死

【案情提要】

本文選自〔清〕《重刊補注洗冤錄集證》，為一雷擊致死的命案，案發地點不明。驗屍官先勘驗案發現場，發現有雷電破戶的跡象；接著勘驗屍體，發現屍體上有嚴重燒焦爆裂的傷口，還有雷擊致死特有的篆文紋傷痕，因而確定本案是一自然災害意外致死的案件。

【案件紀錄】

勘得該處土名蕭屋背坪，監生①賴鼎，書屋一所，坐西向東，由左邊大門而進，中係廳堂，衝破右邊屋，有火硝形，該屍身上無衣。勘畢，驗得仰面面色髮變黃色，左額角雷擊傷一處，圍圓二分，深三分，皮破緊硬，焦黑色；兩眼胞②微開，兩眼睛黃色，兩鼻竅血水流出，上下牙齒全，口微開，兩手散，肚腸火燒篆文痕一條，長二寸六分，寬四分，皮肉緊硬，焦黃色，腎囊③微脹，合面髮散，如焰火燒焦，穀道④出血，周身黃黑色，委係生前雷擊而死。乾隆四十一年江西雲⑤都縣案。

---

① 在國子監肄業者統稱監生。初由學政考取，或由皇帝特許，後亦可由捐納取得其名。《新唐書・選舉志上》：「元和二年，置東都監生一百員。」《紅樓夢・第十三回》：「賈蓉不過是黌門監生，靈幡上寫時不好看。」

② 眼胞即眼皮。《醫宗金鑑・外科心法要訣・眼胞菌毒》「菌毒生於眼睫邊」注：「此證生於上、下眼胞睫邊，初如菌形。」《兒女英雄傳・第廿六回》：「一陣為難，心窩兒一酸，眼胞兒一熱，早點點滴滴落了一衣襟眼淚。」

③ 腎囊為中醫專有名詞，即陰囊。構造為皮囊，位於陰莖後面，有色素沉著，薄而柔軟，中間有一隔將陰囊分為左右兩室，每個室內有睪丸、附睪、輸精管。

④ 穀道指直腸到肛門一段。〔明〕李時珍《本草綱目・草七・萆薢》：「使水道轉入大腸，仍以蔥湯頻洗穀道，令氣得通。」

⑤ 查雲都縣在今四川，不在江西。本文雲都縣應為今江西贛州于都縣之訛。西漢高祖六年置雩都縣，因北有雩山，故取名雩都，一九五七年更名為于都。「雲」、「雩」兩字易混，故本文雲都縣應為雩都縣之訛。

【原文語譯】

勘驗現場地名俗稱蕭屋背坪，這裡住有一名監生賴鼎，他擁有書屋一間，坐西向東，書屋左邊開有可以進入的大門，屋中央是廳堂，右邊屋上有被衝破的大洞，留下火硝燒過的痕跡，賴鼎屍首上半身沒穿衣服。勘驗屍首得到以下資料：死者仰躺，從正面看，臉和頭髮顏色全變黃了，左邊額頭有被雷打到的傷口一處，圓周為二分，傷口深有三分，表皮破裂但摸起來很緊硬，呈現焦黑色；兩邊眼皮微微張開，兩眼呈現睛黃色，兩鼻孔有血水流出，上下牙齒很齊全，口微微張開，兩手連手指向外攤開，肚腹有火燒的篆文痕跡一條，長度為二寸六分，寬度為四分，皮肉摸起來緊硬，呈現焦黃色，陰囊微微發脹，死者披頭散髮，好像被焰火燒焦那般，直腸到肛門一段出血，全身都是黃黑色，可以判斷死者大概是活活被雷打死。這是乾隆四十一年發生在江西雩都縣的案子。

【現場鑑識與法醫學分析】

雷擊致死的原因主要有幾個：

一、閃電進出身體時遭到組織的阻礙，部分電能變成熱能，將蛋白質等破壞，只要超過攝氏七十度蛋白質即會凝固；若超過攝氏四十度的情況持續過久，亦會引起組織中蛋白質變性的永久性傷害。

二、閃電雖未進出身體，但在高壓電場中，電流仍能透過空氣形成電弧燒傷人體。電弧為氣體發生電崩潰而持續形成的電漿體，它使得電流得以通過一般狀態下的絕緣介質如空氣等，因而對人體產生傷害①。

三、閃電的部分電能變成動能，將人體皮膚或臟器擊破。在處理高壓電流造成傷害的屍體時，解剖中常可見到心臟破裂的情況。

四、除上述幾個原因能對人體組織造成損傷外，還有可能因瞬間電流通過心臟，造成心臟衰竭、心臟節律停止、呼吸中斷，血液及呼吸循環中止、腦及腎功能損傷等。

不過雷擊或電流實際能造成多少傷害，尚須視電流進入身體和離開身體部位的電勢差大小、流過身體的電流大小、接觸持續時間長短、電流經過的部位或器官等因素而定。例

① 今日國內都市化程度高，空間狹窄，電線桿林立，且高壓線路多數均未包覆絕緣體，因而偶爾會發生吊車在作業時，因為吊臂太靠近高壓電線，雖未直接接觸電線，仍因電弧放電而造成操作人員死亡的意外。

如雖接觸高壓電，但時間短暫，且由某側食指進入，某側大拇指流出，僅於該手掌短暫形成迴路，此相較於一般九伏特電池電流直接長時間通過心臟，則後者的傷害絕對會高過前者。

由於本案例死者左額炭化的最為嚴重，可以判定雷擊的電流應是從此而入。要判斷死者是否由雷擊而死的最明顯證據就是篆文雷擊紋。篆文雷擊紋因狀似篆體而得名。篆文雷擊紋是雷電通過皮膚所遺留的紅色或薔薇色枝狀、燕尾狀斑痕跡。篆文雷擊紋由不同紅線組成，常見於頸胸部，少數發現在腹部或大腿處，一般可能在死後一天內消失。除了篆文雷擊紋外，電流在身體的出入口處還會有特殊的環狀

竊取高壓電纜線，極易發生電擊死亡事故

燒傷；若電流出入口接近金屬物，傷口附近還會有金屬瞬間燒融的粉粒殘留。現今工業活動頻繁，因此所引發的觸電意外或是偷竊電纜線不慎觸及高壓電死亡的案例，也都常可見到類似的電擊燒傷痕跡。

本案例中，死者肛門出血，應係全身受到強烈的震盪和高溫，使得內臟受損內出血所致。死者遭受雷擊，電流通過身體組織液時產生高溫，但時間太短，蛋白質來不及全部白化硬化，是以死者才會全身黃黑。很明顯的此案死者確是死於雷擊意外。

【今日相關參考案例】

〔臺灣某報訊〕臺南市北門區一名婦人今天傍晚疑似在海邊遭到雷擊，被發現時已失去心肺功能，頭部及手臂上有焦黑傷痕，救難人員緊急將她送往醫院急救。

臺南市政府消防局指出，晚間八時許接獲通報，在北門區蘆竹溝海邊有婦人疑似遭到雷擊，救護車到場時，婦人已失去心肺功能，頭部及手臂上有灼傷痕跡，緊急送往醫院急救。

海巡署人員指出，七十六歲的侯姓婦人家屬在傍晚左右報案指出，侯姓婦人下午前往海邊撿牡蠣，但一直到傍晚都沒回家。海巡人員在海邊搜尋後，晚間約八時發現侯婦。海巡署人員指出，臺南地區今天白天豔陽高照，傍晚左右下起一陣大雨，濱海地區曾出現打雷閃電情形，侯姓婦人可能就是當時遭到雷擊。

〔大陸某報訊〕位於江蘇省響水縣境內的江蘇黃海農場發生一起雷擊事件，造成正在田裡插秧的二名農婦死亡，多人受傷。當地官方已確認為雷擊事件，有關部門正在對該事件進行善後處理。

當天上午，蘇北地區受雷電暴雨襲擊，大雨傾盆，雷電交加。在鹽城市響水縣境內的黃海農場第四管理區二一大隊，農場承包人雇傭的一批來自鹽城市建湖縣的二十多位農婦正在水田內忙著插秧。十時許，因為雨勢和風力增大，農工忙著從水田內準備撤離避雨的時候，突然一聲雷響，多名即將走到田埂的農婦被雷擊中當場倒下。

一名目擊者稱，當時在空曠的田野上，雷電襲來，多人被雷電擊倒，其中二人當場死亡，八至九人被擊傷，傷亡者均為女性。當地公安派出所一位警官說，受傷者中有幾人無大礙，但還有兩人仍在當地黃海醫院搶救。

針對雷擊傷人事件，當地氣象部門的專業人士提醒說，一旦遭雷擊，人往往出現假死狀態，此時應立即進行人工呼吸和體外心臟按摩，同時撥打急救電話聯繫急救人員。

【臺灣某報訊】南投縣杉林溪發生了一起雷擊意外。一名四十三歲婦人到山上採茶，不幸遭到雷擊，閃電從她的右肩打入身體，再從左膝蓋穿出，造成身上有多處灼傷，一旁的採茶工發現，趕緊將她送醫，才保住一命。

救護車飛奔到醫院，醫護人員趕緊將遭到雷擊的吳姓婦人送進急診室。躺在病床上的吳婦表情相當痛苦、不斷哀嚎，一旁的採茶同伴也非常擔心她的傷勢。據急救的張醫師指出：「電流從她的右側脖子進去，所以她的右側脖子有明顯的紅腫，有些電流經過胸部、腹部到會陰部，到左邊的膝蓋出來。」

二十二日下午，吳姓婦人跟著採茶班一起到杉林溪山區採茶，當時山上下起大雨、雷電交加，吳姓婦人突然被閃電擊中，當場倒地，頭上戴的斗笠被雷打到開花，連衣服都出現好幾處破洞。還好當時一旁的採茶工先幫她做初步急救，送醫後總算保住一命。

火之部・之四・槍擊爛死

【案情提要】

本文選自〔清〕《重刊補注洗冤錄集證》，為一發生在清朝道光年間，直隸人步飛遭杜光先以鳥槍擊中後傷重死亡的命案。驗屍官驗得步飛身上有槍傷四處，一在腹部、三在腿部，判斷腹部槍傷為主要致命傷。經查驗各部位傷勢，發現死者體內爛潰嚴重，應是槍傷拖久惡化所致。

【案件紀錄】

道光①六年，直隸大名縣②案：驗得已死步飛，年若干歲，仰面致命小腹槍子傷一處，圍圓三分，平復③；腎囊下潰爛，窟窿四個，一個圍圓五分，三個俱圍圓二分，血污透內；不致命左腿槍子傷二處，均圍圓一分，平復；合面致命右腿眼槍子傷一處，潰爛，圍圓一寸一分，透內。餘無別故。

委係因傷潰爛身死。飭取鉛子與傷處比對相符。訊因步飛被杜光先用鳥槍④放傷後，因傷處內潰，由穀道前爛出鉛子，調治無效，所以延至二百八十餘日，仍因本傷潰爛殞命題結。⑤

①清朝皇帝愛新覺羅・旻寧（一八二一～一八五〇年）的年號。
②大名縣在北宋時稱大名府，戰略意義重大，為北宋陪都。
③平復：平復指傷口平坦，意即表面已痊癒。《韓詩外傳・卷十》：「諸扶輿而來者，皆平復如故。」〔宋〕朱弁《曲洧舊聞・卷五》：「以酒糊丸，日吞百餘，二府皆平復。」〔清〕黃遵憲〈寄女〉詩：「兩頰旋深窩，而今漸平復。」
④清朝的鳥槍係修改自明朝火繩槍類的槍枝，因槍口大小如鳥嘴，又稱為鳥（嘴）銃，清朝多以鳥槍稱之。〔明〕宋應星《天工開物》說明鳥銃的製作方式：「凡鍾鳥銃，先以鐵挺一條大如箸者為冷骨，裹紅鐵鍾成。先為三接，介面熾紅，竭力撞合。合以後以四稜鋼錐如箸大者，透轉其中，使極光淨，則發藥無阻滯。」
⑤題結即書題結案。《儒林外史・第五一回》：「現今撫院大人巡海，整駐本府，等要題結這一案。」

【原文語譯】

道光六年，直隸大名縣發生了一件槍擊案：驗屍發現死者步飛若干歲，從正面可見一處致命小腹槍子傷，圓周為三分；表面傷口已經復原；陰囊下面潰爛，出現四個窟窿，一個圓周為五分，其他三個圓周為二分，清掉血污發現這些傷口可透入體內；另有不致命左腿槍子傷二處，圓周為均為一分，傷口已復原；另外還有致命右腿眼槍子傷一處，已發生潰爛，圓周為一寸一分，傷口可透入體內，此外就無別的外傷。

經判斷，死者大概是因為傷口潰爛而死。飭令取出死者體內的鉛子彈，發現與傷處入口大小相符合。經過偵訊得知，原來是步飛被杜光先用鳥槍誤擊之後，因為傷處潰爛，造成鉛子彈從肛門前爛掉的地方掉出，經醫師治療無效，拖了二百八十餘天才死亡，追究原因還是因為原本的槍傷所造成，這案子就算結了。

【現場鑑識與法醫學分析】

清朝的鳥槍發射原理仍延續自明朝的鳥銃，係借助火藥燃燒後的氣體推動，將彈丸噴射至目標，其基本結構外型較近似現代的步槍，具有現代步槍的雛型，只不過當時的設計仍由前膛裝彈，且發射單一（鉛）彈丸。

現代社會所稱的鳥槍，係為霰彈槍（Shotgun）的一種，因用來作為打獵（鳥）的用途，亦稱為鳥槍。霰彈槍因使用目的不同，使用不同大小彈丸（pellets）的霰彈，彈丸較大者，又稱為獵鹿彈（Buckshot）；彈丸較小者，則稱為獵鳥彈（Birdshot）。在一般的飛靶競賽，或是英國傳統的獵雁鴨活動所使用的霰彈，多使用獵鳥彈彈丸。在國內，此類槍枝有時會以「霰彈槍」之名稱出現，有時會以「散彈槍」稱之，原因在於前者係取其彈丸團粒如同「霰」狀為名，而後者係因其彈丸在離開槍膛後會「散」開之故。

一般調查槍傷為自為或他為時，須注意的現場鑑識重點有：

一、槍械（枝）是否留在現場：當事人若已經自殺死亡，槍械自然（棄置）在現場。但若現場未發現槍械，或槍械位置距離屍體太遠，就須懷疑是他殺——只有在極少數的案例如在河邊自殺，槍枝掉落水中，因水流湍急而無法尋獲槍枝，否則槍枝必須要在自殺者身旁。

今日多數手槍彈頭屬此類單一彈頭構造

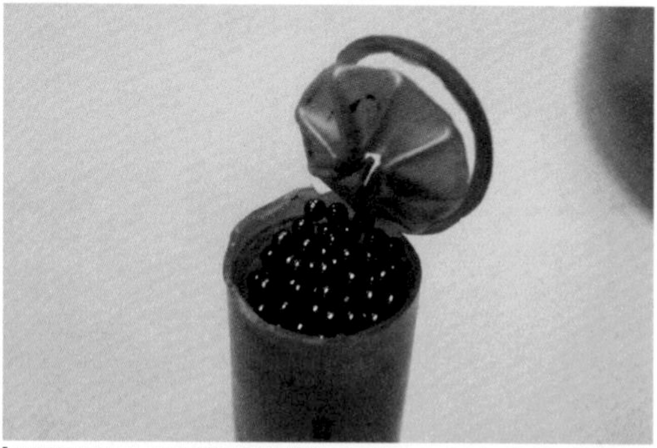

將現代制式霰彈拆解後，可見內部存在許多鋼珠

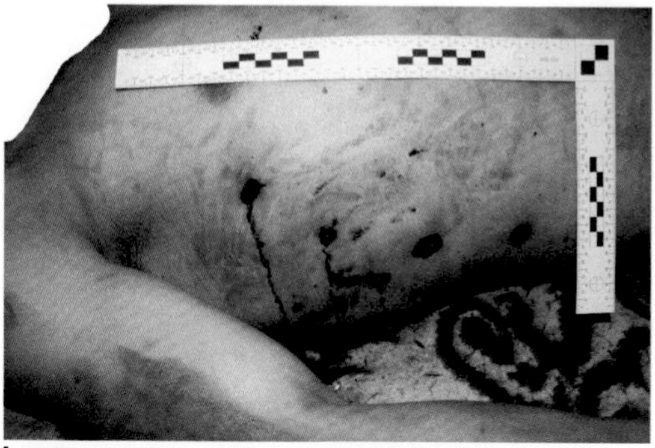

遭霰彈射擊之身體，可見多數彈孔存在

二、槍擊距離及位置是否為手臂可及之處：除非是自殺者特別設計，例如以繩索，或是以腳拇指扣引扳機自殺等特殊情況，否則自為槍擊的距離通常為手臂可及之處，反之則可能係他為造成。

三、槍擊位置是否為身體致命部位：除非自為槍擊者僅是以自殺做為達成某種目的之手段，如以性命要脅他人等，或有特殊專門知識而槍擊特殊致命部位，否則槍擊部位通常會在一般大眾所知的身體致命部位，如頭部、心臟等；若死亡者傷口在非在一般大眾所知的致命部位，此表示傷亡者是在可避免槍擊危害的情況下自由移動而遭到槍擊，如此就必須懷疑可能有他殺的狀況。

四、槍擊部位是否有接觸性（貼射）或近距離接觸性槍傷：除非現場經過自為槍擊者特別設計，否則槍擊部位通常會在本身手部等肢體可及的距離內，因此槍擊傷口會呈現接觸性槍傷或近距離槍傷的態樣。不過要注意的是，若為近距離貼射槍殺他人時——尤其是近來新聞報導所稱行刑式槍決的犯罪態樣——仍可能出現接觸性槍傷。

五、射擊發數是否大於一發：自為槍擊者通常射擊身體發數為一發。但部分自殘意志堅定的案例中，或許出現身體中槍一發以上的狀況；又或是槍枝具有連發，三發點放等功能，在此情況下就有可能造成自殺者身中一槍以上的情況。另外還有一種情況是自殘之前，當事人為發洩心情，可能會先朝四周或天空開槍洩恨，留下環境中可疑的槍擊痕跡。無論如何，自為者槍擊身體的發數，仍以一發為大宗。

六、死者是否先掀開衣物後再開槍：若要槍擊心臟等部位，自為槍擊者可能會掀起衣物後再開槍。假如中槍部分是在身體衣物遮蔽處，且衣物也有彈孔時，應先以他殺為偵辦方向為宜。

本案例被害者步飛身上槍傷有四處，其中一處在腹部，為主要致命傷，另外尚有三處傷口，但都不是常人所認知的致命部位。當時的鳥槍為前膛裝彈，僅能一發一彈，在步飛身體未有射出口情況下，理應僅會出現單一傷口，然而步飛身上卻有四處槍傷。這表示涉嫌人杜光先可能使用鳥槍先擊中周圍其他硬物，形成跳彈，後因鉛彈丸較軟，碎裂成不同大小的碎片，再擊中步飛身體不同部位所致。根據以上二點判斷，杜光先應係意外不幸射擊到步飛。

本案例受害人步飛，身上所驗得槍傷均只有射入口，未有穿透口，表示子彈留在體內。步飛的槍傷之所以致命，主要是因為古時消毒及清創的水準不高，加上外科手術不流行，這使得他的感染情況愈來愈嚴重，並漫及腹內器官，以至於腹內潰爛，且腹內潰爛程度嚴重，竟使得原先留在體內的鉛子由肛門前掉出，終於痛苦而死①。

槍傷除了因彈丸大小不同，造成行經身體路徑的射創管傷害外，另外因為子彈速度的差異，形成的衝擊波、高溫等對於射創管附近的細胞組織損傷程度亦必須注意；尤其身體細胞水分含量高，是衝擊波良好的傳導物質，射創管周圍的組織損傷更是常見的致命原因。

在現代案例中，曾有歹徒遭警方開槍擊傷後逃逸不敢就醫，自行以刀具挖取彈丸並消毒傷口，以為如此即可達到治療槍傷的目的，但卻忽略了前述有關衝擊波及

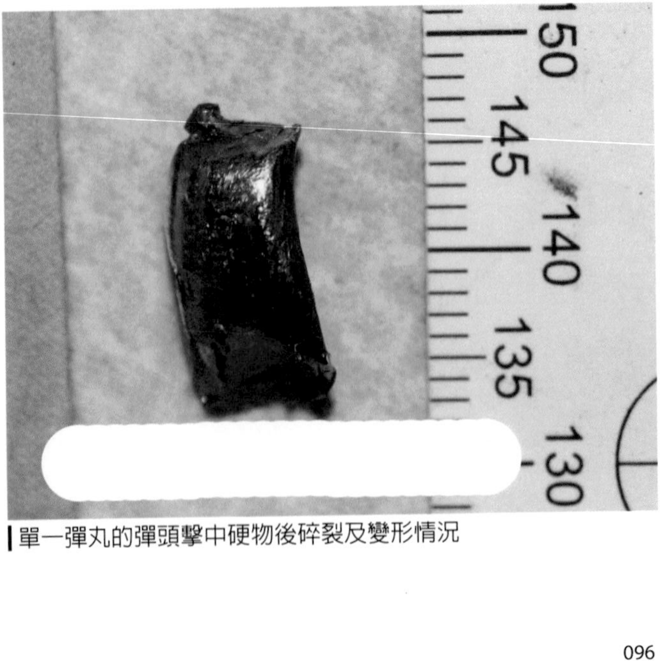

單一彈丸的彈頭擊中硬物後碎裂及變形情況

① 雖然腹部中彈，第一時間就可能造成內出血致死，不過本案例中，死者中彈後於二百八十餘日後才死亡，死亡原因仍以感染如引發敗血症致死的機率較高。

射創管等對細胞損傷的影響，以至發生如本案例中步飛感染而死的狀況。故吾人對於槍傷必須格外慎重，不可輕忽，應儘速尋求正規醫療方為上策。

【今日相關參考案例】

〔臺灣某報訊〕彰化傳出男子遭槍傷自行以美工刀挖出子彈情事，秀傳醫院外科主治醫師周醫師感到「不可思議」，他說，自行處理槍傷的最大危險，在於傷口若未經止血、消毒，非常容易感染及發炎，嚴重者會導致蜂窩性組織炎，甚至引發敗血症後休克死亡。

周醫師指出該顆子彈應是卡在男子的腹壁下方，並未進入腹腔，沒傷及內臟，才可能自行挖出。但切開肚皮後，傷口若未清理縫合，仍會出現發炎化膿，癒合復原速度也會比較慢；如果使用的美工刀生鏽，則可能引發破傷風，只能說男子實在命大，才沒發生太多後遺症。

〔臺灣某報訊〕電視台攝影師赴印度出外景，遭槍傷住進印度普拉卡希醫院，回國後被檢驗出NDM-1帶菌。由於NDM-1不會經由飛沫傳染，疑因傷口治療時感染才帶回臺灣，因此院內感染可能性最高，但普拉卡希醫院院長昨天接受媒體採訪時卻表示兩者沒有必然關係，間接否認超級細菌是由該醫院帶回臺灣。

普拉卡希醫院院長受訪指出，他不全然同意臺灣的病患被驗出NDM-1帶菌是因在普拉卡希醫院接受手術而感染，因為臺灣該病患是電視台攝影師，也曾到過其他國家，因此不能很確定他在哪裡遭到感染。普拉卡希醫院院長雖不願承認攝影師是因在醫院接受治療受感染，但衛生署疾管局在發給媒體的新聞稿中，明確指述「在印度受槍傷之國人，證實腸道無症狀帶NDM-1菌」。

衛生署並強調，NDM-1腸道菌感染症，主要係透過手術或傷口處理等侵入性醫療處置，過程中才會造成病人的伺機性感染，日常生活接觸或飛沫都不會傳染。衛生署的說法等同認定攝影師是在普拉卡希醫院接受槍傷治療時受感染，除非攝影師在其他地方出外景時，就曾因病就醫、或本身就有傷口，否則普拉卡希醫院院長的說法啟人疑竇。

〔哥倫比亞某報訊〕哥倫比亞足協透露，一周前遭搶劫身負重傷的哥倫比亞卡爾達斯俱樂部隊前總教練，目前因肺部感染嚴重而傷勢惡化。

經醫學專家檢查，總教練的心臟和腎臟功能正常，但肺部遭受槍傷引起嚴重感染，出現傷勢惡化跡象。目前由哥國最優秀的外科、神經科等醫療專家組成的搶救小組正在全力搶救總教練。

據報導，總教練和妻子從家鄉卡爾達斯市一家銀行取款後，遭到兩名尾隨而至的歹徒搶劫襲擊。搏鬥中總教練頸部和肩部遭到槍擊。聞訊趕到的警方制服了搶匪及其另外兩名女同夥，並把生命垂危的總教練送進附近醫院急救。診斷發現，總教練的脊椎神經係統受到進入體內彈頭的嚴重傷害。另外，總教練的呼吸肌也受到損傷，目前依賴人工呼吸器暫時維持呼吸。

哥倫比亞足壇多次受到暴力事件的「侵襲」。近十年來，至少八名哥倫比亞球員被暴力集團殺害。南美足聯主席日前指出，為哥倫比亞足球作出突出貢獻的總教練不幸受到搶匪嚴重傷害，這不僅是哥倫比亞足球界的悲劇，也是哥倫比亞社會的悲劇。

〔**馬來西亞某報訊**〕返家途中遭槍傷的丹州王室保安人員，手術後肝臟等器官被細菌感染，病危且兩天未醒過，處於彌留狀況，家屬已開始在床邊誦唸《雅辛章》（為病人減少痛苦的回教經文）。

丹州王室總管拿督阿都哈林召開記者會時說，傷者進行取彈手術後，康復狀況未見理想，肝臟等器官被細菌感染，而且已兩天處於昏迷狀況。

他透露，攝政王非常關心傷者的家庭狀況，獲悉傷者的妻子和五名兒女（最小的十九歲）可能失去經濟來源，攝政王自掏腰包捐款十萬令吉給予家屬。與此同時，他也轉述攝政王的交代，促請警方盡快進行槍傷案的調查工作，早日查個水落石出。

擔任王室保安長達十七年的傷者，在案發當時凌晨十二時二十五分，騎摩托車就快到家門口，突然遭到不明人士開四槍，其中一槍射中胸部，子彈從胸部射進體內至接近脊椎骨。出事之前，蘭里的工作地點限於馬哥打王宮及古邦閣亮大王宮，工作表現良好，故王室成員對此因感到非常意外。

土之部

土之部・之一・生前活埋

【案情提要】

本文選自〔清〕《重刊補注洗冤錄集證》，為一發生在清朝道光年間的兇殺命案紀錄。經偵察得出死者屍首埋葬處，挖掘之後另外起出死者二子屍體。仵作驗屍後發現二子皆無致命傷，且屍體呈現活體掩埋後才會有的上半身瘀血等現象，故判斷他們是生前遭到活埋。捕得嫌犯後得知其欲殺人滅口，所以威逼死者二子掘坑埋父，並趁其不意予以擊暈後活埋。

【案件紀錄】

道光二十年八月，廣東樂昌縣①民盧長發，聽從胞長兄盧長潰，謀死第二兄盧財舒，並活埋幼侄盧添喜、盧添福滅口一案，檢得盧添喜腦後有紅色一條，係刀背傷，頂心骨有淡紅色，不浮出②，牙根聳脫③，有血癊，周身④骨節俱聳脫，無血癊。盧添福腦後有淡紅一處，不整齊，頂心無紅色，不浮出，牙根聳脫，有血癊，周身骨節俱聳脫，無血癊。

據仵作⑤何發云，打傷下去活埋時，口鼻不盡擁塞，故頂心骨不浮出紅色；亦不同用

---

① 樂昌縣即今日樂昌市。夏、商朝為揚州之域，春秋時屬越，戰國時屬楚，秦朝時屬南海郡。梁朝（五〇八年）分曲江縣地設置梁化縣，後改名樂昌縣，今改縣為市。

② 浮出，指受傷後血液流出滯於皮膚表面；不浮出即內傷瘀血。

③ 聳，振動也。〔南朝梁〕沈約《內典・序》：「瞻毗耶而聳轡，望波斯而迴軫。」〔唐〕王勃《拜南郊頌・序》：「孫叔奉轡，王良聳策。」聳脫即振動脫出。

④ 周，全也，〔晉〕杜預《春秋經傳集解・序》：「聖人包周身之防，既作之後，方復隱諱以辟患，非所聞也」，孔穎達疏：「謂聖人防慮，必周於身。」周身即全身。

⑤ 隋唐時期「仵作」一詞已出現，主業為殯葬。〔唐〕李商隱《雜纂・惡行戶》：「暑月仵作。」〔宋〕廉布《清尊錄》：「女語塞，去房內，蒙被臥，俄頃即死，父母哀慟，呼其鄰鄭三者告之，使治喪具。鄭以送喪為業，世所謂仵作行者也。」宋代這類法醫專業的吏役正式被稱為「仵作」。仵作雖長期從事法醫工作，但由於封建思想的影響，仵作在古代都是由地位低下的賤民擔任。民國一百年六月二十九日公布〈法務部法醫研究所組織法〉，第二條規定「身體、病理及死因之勘驗、檢驗、鑑定及研究」為法務部法醫研究所之職責，故檢察官須申請法醫研究所安排解剖檢驗工作，或由地檢署合格之法醫師自行解剖。另根據〈法醫師法〉第十條之規定，相驗後之屍體有下列情況者，法醫師應以書面建

力掙命①；血往上奔，故牙根骨有血瘀。埋經三月餘，起屍洗驗，是以周身骨節聳脫，無血瘀，委係受傷後活埋身死。

當場提問兇犯，皆供先經謀殺盧財舒，抬屍掩埋，哄令兩侄下坑牽正頭足，乘機用刀背、石塊從腦後打下，伊兩侄復仰面跌倒屍上，即用土石泥沙亂拋掩埋。今蒙檢明，情原抵罪。屍親人證均輸服，具結。案無可疑，仍照《洗冤錄》填格通報完案②。

【原文語譯】

道光二十年八月，廣東樂昌縣民盧長發，聽從胞長兄盧長潰的教唆，謀殺二哥盧財

請檢察官為解剖屍體之處分：一、死者之配偶或直系血親請求解剖；二、可疑為暴力犯罪致死；三、死因有危害社會公益或公共衛生之虞；四、送達醫療院所已死亡，且死因不明；五、於執行訊問、留置、拘提、逮捕、解送、收容、羈押、管收、保安處分、服刑等過程中死亡；六、軍人死亡，且死因不明；七、意外事件中之關鍵性死亡者；八、未經認領顯可疑為死因不明之屍體；九、其他非解剖無法查明死因。現今我國已將法醫工作，提升位階至法務部下屬的一級機關負責，對於人權的保障更勝以往。

① 掙，扎也；掙命即拼命掙扎。《水滸傳・第一〇三回》：「張世開正在掙命，王慶趕上，照後心又刺一刀，結果了性命。」

② 《洗冤錄》原指〔宋〕宋慈《洗冤錄》，此書流傳至清朝，已增補不少資料。按自宋慈開始，司法部門已經建立起驗屍的完整管理機制，並設計有制式表格供驗屍人員填寫上報。

舒，並活埋了年幼的侄子盧添喜、盧添福。關於此一滅口案件，經驗屍發現盧添喜腦後有一條紅色刀背傷，頂心骨呈現淡紅色，但傷勢並未浮出到皮膚上，盧添喜牙根鬆脫有血印，全身骨節都鬆脫無血印。盧添福腦後有一處淡紅色不規整的傷勢，頂心骨則未呈現淡紅色，這傷勢也沒浮出皮膚，盧添福牙根鬆脫有血印，全身骨節也都鬆脫無血印。

根據驗屍官何發的判斷可知，原來打傷昏迷之後活埋，死者的口鼻沒被土石完全塞住，在沒意識不憋氣的情況下頂心骨不會浮出紅色；這也和用力掙扎求生的死亡狀況不同：如果是身體先被埋而奮力掙扎，血液會往上半身衝，死者的牙根骨就會有血印。本案死者被埋超過三個月，只剩白骨。挖出屍清洗後檢驗，發現死者全身骨節都鬆脫無血印，大概是先被打傷昏迷〔打死〕後活埋的。

官員當場訊問疑兇，經供認犯罪過程是先謀殺了盧財舒，把屍體抬去預先挖好的洞掩埋，再哄騙兩名侄子到洞裡頭去把他們父親的屍首擺正擺平，當下疑兇再乘機用刀背、石塊從二名侄子的腦後打下去，兩名侄子正面朝父親屍體倒下的當下，疑兇馬上用土石泥沙亂拋將三人加以掩埋。今日得到驗屍官的驗證，疑兇的犯案過程已經搞清楚，他們也認罪了。死者的親人和相關人證也都同意，這案子可以了結。全案沒有遺留什麼可疑之處，便按照《洗冤錄》的規定填格通報結案。

【現場鑑識與法醫學分析】

判斷被害人究竟是生前活埋或是死後埋屍，其檢驗重點大略如下：

一、屍體的呼吸道是否有泥沙等異物：如果是生前全身遭到活埋，被害人呼吸道將會吸入異物；但若非全身活埋之狀態——例如今日部分討債集團會將債務人頸部以下埋入土中，僅於頭部外露於地面再加以凌虐，則當事人呼吸道不會出現泥沙等異物。

二、屍體是否呈現掙扎狀態：除非是被迷昏後失去意識再埋入土中，或是埋入處所土石太過紮實，使

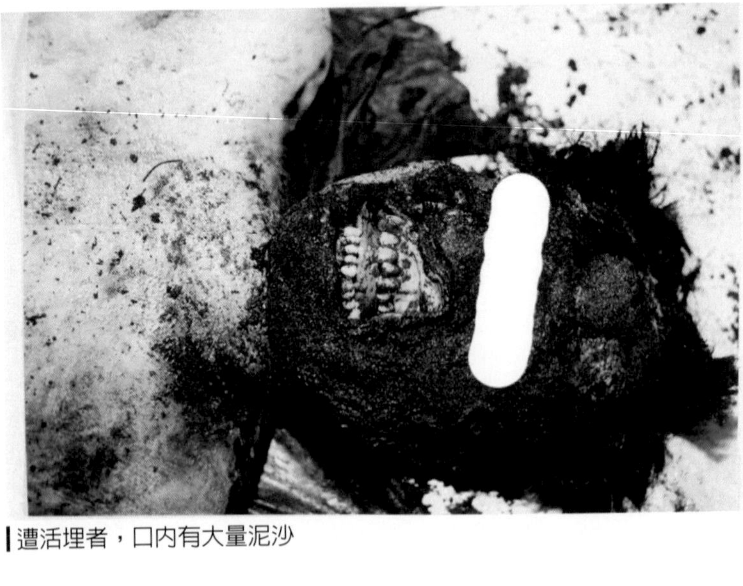

遭活埋者，口內有大量泥沙

得受害者難以移動，否則多數情況下，就算手腳被束縛，被活埋者基於本能仍會奮力掙扎。在此情況下就會出現極度掙扎求生留下的多處傷勢。意識清醒之下，最後被埋入土中的上半身也會有因激烈掙扎而產生的微血管破裂，就會造成本案例所提到的內傷瘀血留於骨上所形成的「血印」。

三、是否有呈現窒息的相關情狀：窒息表徵可參考本書「木之部之三」。

雖然本案另二名死者，其屍首被發現時已成為白骨，無從得知其呼吸道是否有

以垂直方式活埋者的屍體挖掘情況

異物，也看不出死前是否曾激烈掙扎過。但經驗豐富的仵作看出二名死者骨骸上未見致命殺傷，牙根有血印，腦後也發現鈍器所擊出的血印，明顯係他為所致，因而推論他們是先遭到擊暈再被活埋。經提訊正犯後確認犯案過程與仵作推論無誤，因而案結。

【今日相關參考案例】

〔**大陸某報訊**〕廣東人和鎮富商江某遭人綁架。家屬與歹徒協商贖金金額不成，歹徒憤而撕票。警方後來於和龍水庫附近發現一灌滿水泥的鐵桶，內有白骨一副，經ＤＮＡ鑑定為江某本人。

歹徒究竟是以鐵桶灌水泥囚人亦或是死後藏屍，這既影響了後續案件辦理的層級與偵辦的方向，也左右了歹徒被捕後的刑責。經法醫驗骨後，確認全副骨骸未見嚴重致命外傷，但又無掙扎痕跡，死者可能係被藥物迷昏後置於鐵桶中，再用水泥灌入而窒息致死。

〔**大陸某報訊**〕大陸浙江一位年輕男子，酒駕撞傷一位老婦人，當時老婦人還有生命跡象，男子聲稱要將老婦人帶到醫院，沒想到竟帶到海邊，將當時還有呼吸的婦人直接就地活埋。

浙江正在進行填海工程的海邊，突然出現一輛沒有車牌的黑色轎車，擋風玻璃嚴重破碎，車身還沾有血跡，三、四百公尺外，則有一名六十八歲的老婦人，遺體被埋在土堆裡，因為露出一隻手而被工地工人發現。死者雙手從泥土中掙扎而出，意味著死者被埋時，仍有生命跡象。

經調查後發現，年僅二十四歲的陝西男子，上個月因為酒駕撞傷老婦人，當時老婦人還有生命跡象，不斷哀嚎，男子聲稱要載婦人前往醫院，沒想到竟是開到海邊將人活埋。

雖然嫌犯不斷替自己辯解老婦人在到醫院的路上已死亡，自己係因恐懼而埋屍，但法醫解剖後，發現老婦人頭部雖有嚴重外傷，然真正死因是窒息死亡，肺部還有生前吸入的泥沙。因此嫌犯除了酒駕外，得再背負一條殺人罪。

〔**大陸某報訊**〕安徽省宿州市一名中學教師與妻子因瑣事發生爭執，把妻子打傷，又將尚有呼吸妻子挖坑掩埋，致使其死亡。潛逃後，化名並且將自己「漂白」，再次成為廣州市一名中學教師。然法網恢恢，疏而不漏，這名惡魔教師還是被警方抓獲。

被告人王某與被害人張某夫妻關係不和。某日王某與張某發生爭吵，張將王的臉抓破。次日王將張頭部打傷流血。王用家中鐵鍬在院子內挖坑，將仍有呼吸的張某抱至坑內掩埋，再將兒子小強（化名）托付給母親朱某後離開。後化名尹玉成到廣東省廣州市躲藏，應聘成為廣州市一名中學教師。

經法醫鑑定：死者張某係他人用鈍器打擊頭部，致顱腦嚴重損傷合併土中窒息而死亡。之後王某在廣州市某英語學校落網。

土部・之二・移屍誣人

【案情提要】

本文選自〔清〕《折獄龜鑑補》①，為一發生在山東但時間不詳的移屍嫁禍案件紀錄。甲與乙積怨，某日甲妻自縊，甲見之欣喜，便移屍至乙家以嫁禍給乙。不料移屍當晚下雨，照理甲家至乙家路上應泥濘不堪，但甲妻所穿鞋竟未有泥漬。此跡象為承辦官員所注意，遂識破了甲的詭計。

①《折獄龜鑑補》由清朝光緒年間胡文炳所匯輯，為承繼宋朝政和年間鄭克所匯編的《折獄龜鑑》一書加以補編延續而成。內容主要搜輯歷朝歷代的各種刑事、民事等案件，及其定奪之記錄。全書六卷，七一九則，約二十六萬字。折獄龜鑑補》內文分犯義（卷一）、犯奸「上下」（卷二，卷三）、犯盜（卷四）、雜犯「上下」（卷五，卷六）。《折獄龜鑑補》版本主要有：光緒四年（一八七八年）蘭石齋刊《折獄龜鑑補》六卷本及二〇〇六年北京大學出版社《折獄龜鑑補譯註》二種。

【案件紀錄】

山左①某甲與乙積不相能，適甲之婦因他故自縊，甲視為奇貨。②乘夜負屍於乙之門，懸於楣上。明日乙起，見而大懼。正皇遽③間，甲至，伏屍哀慟，控於官謂：「與乙素相往來，昨以貧故令婦乞米，迨夜不歸，方深疑慮，不知因何在其門首報繯④畢命，乞官追究。」乙本謹愿⑤，聞之益惴惴⑥。

---

① 山指的是太行山，山東在太行山左（東），故山東又稱山左。〔清〕黃宗羲〈通議大夫靳公傳〉：「先世為山左之歷城人。」〔清〕劉大櫆〈翰林編修李公墓誌銘〉：「治運提學山左，公主校閱，甄拔號得人。」

② 奇貨指少見的珍奇貨物。〔唐〕李復言《續幽怪錄・盧僕射從史》：「湘到輦下，以奇貨求助，助者數人。」《紅樓夢・第二六回》：「那寶玉便和他說些沒要緊的散話……又是誰家有奇貨，又是誰家有異物。」

③ 皇遽即驚恐。皇，通「惶」。〔宋〕朱弁《曲洧舊聞・卷二》：「神宗皇帝喜談經術，臣下進見，或有承聖問者，多皇遽失對。」《明史・列女傳二・方孝女》：「渡揚子江，中流舟覆，櫬浮，女時居別舟，皇遽呼救。」〔清〕紀昀《閱微草堂筆記・如是我聞一》：「夜中，有人推門入，虎子皇遽無計。」

④ 報繯即投繯自縊。《後漢書・吳祐傳》：「因投繯而死。」李賢注：「謂以繩為繯，投之而縊也。」《新唐書・長孫無忌傳》：「敬宗令大理正袁公瑜、御史宋之順等即黔州暴訊。無忌投繯卒。」〔清〕馮桂芬《許烈姬傳》：「屢投繯求死，不可得。」

⑤ 謹愿即謹慎老實。《論語・泰伯》「侗而不愿。」何晏集解引〔漢〕孔安國曰：「侗，未成器之人也。宜謹愿也。」《宋史・昝居潤傳》：「後唐長興中，隸樞密院為小吏，以謹愿稱。」

⑥ 惴惴形容憂懼貌。《詩經・小雅・小宛》：「惴惴小心，如臨於谷。」《魏書・陽固傳》：「心惴惴而慄慄兮，若臨深而履薄。」〔宋〕蘇軾〈秦始皇帝論〉：「與禽獸爭一旦之命，惴惴焉，朝不謀夕。」〔明〕何景明〈李氏墓志銘〉：「夫人見人，恒惴惴愨納弗耀也。」

官至，解驗畢，復諦視①良久，謂甲曰：「此非乙罪，是爾移屍。」甲嘩辯，官曰：「爾毋嘵嘵②，吾有一言，令爾心服。昨夜大雨，方今街路泥濘，覿爾婦弓鞋③土燥而梁薄，非爾負之而何？」甲失色，遂吐實焉。

【原文語譯】

山東某甲與和某乙常有磨擦，兩個誰也不服誰。剛好某甲的妻子因為其他原因上吊自殺，某甲認為妻子的屍體是個值得利用的好東西。乘著黑夜某甲就揹著妻子的屍體到某乙大門外，再將妻子屍體懸掛到某乙的門楣上。隔天早上某乙起床，看到門外有死屍，怕的不得了。正在緊張不知該怎麼辦才好，突然某甲來到，趴在屍體上痛哭，隨後向官府控

---

① 諦視即仔細審視。《三國志・魏志・明帝紀》「宣王頓首流涕」，裴松之注引〔三國魏〕魚豢《魏略》：「此是也，君諦視之，勿誤也！」〔唐〕韓愈〈落齒〉詩：「人言齒之豁，左右驚諦視。」

② 嘵嘵即爭辯聲。〔唐〕韓愈〈重答張籍書〉：「擇其可語者誨之，猶時與吾悖，其聲嘵嘵。」〔宋〕周煇《清波別志・卷上》：「今搢紳因薦士被斥，即嘵嘵辯數，謂己之進出於親擢，凡可以擺蹤者，無所不用其至。」〔清〕姚瑩〈再與方植之書〉：「鎮道身為大員，斷無嘵嘵申辯之理，自當委曲以全大局。」

③ 弓鞋為舊時纏腳婦女所穿的鞋子。腳因纏腳而變形為弓狀，因名。〔宋〕黃庭堅〈滿庭芳・妓女〉詞：「直待朱幡去後，從伊便窄襪弓鞋。」〔宋〕張世南《游宦紀聞・卷四》：「又有富室攜少女求頌。僧曰：『好弓鞋，敢求一隻。』語再四，不得已遺之。即裂其底得襯紙，乃佛經也。」〔清〕趙翼〈土歌〉：「長裙闊袖結束新，不賭弓鞋三寸小。」

告說：「我與某乙平時有點交情，昨天因為家裡窮到沒東西吃，請妻子到某乙家要點米，結果妻子整夜沒回來，正覺得可疑想要來尋妻子，不知道何故妻子卻在某乙家大門投繯自盡，希望大人加以追究。」某乙本來是個憨厚老實人，聽到某甲的控訴之後更加膽戰心驚。

官員到現場驗屍完畢，又四處觀察勘視很久，隨後跟某甲說：「這跟某乙無關，是你把屍體移到這裡的。」某甲原本想要狡辯，官員回說：「你別爭辯了，我只要說一句話就讓你心服口服。昨天夜裡下著大雨，現在街上還是泥濘不堪，你看你妻子的小鞋，上頭沾的土是乾的，加上這門楣不札實，並經不起人上吊，屍體不是你揹來的那又做何解釋？」某甲聽了臉色大變，就把實情全都招出來了。

【現場鑑識與法醫學分析】

本案例為將已經自殺死亡的屍體移至他處以嫁禍他人的情況。除了想要嫁禍他人，犯罪現場也常發生殺人後故布疑陣，或是發現死者發病死亡（如共同吸食毒品後死亡）後，為避免麻煩而棄屍等。在這些案件裡，部分在場人員雖非殺人者，但自己本身卻另涉他案，因以必須加以徹查。

屍體加以搬動將造成二種現場：原案發現場為第一現場（原始現場），棄屍現場即為第二現場（變動現場）。從現場鑑識及法醫學的觀點來分析這類棄屍現場，可以發現到一些端倪：

一、屍體上存在多種痕跡：古人已經注意到，如果是死後移動上吊而亡的屍體，屍體頸上會留有兩條繩痕，一條紫赤，一條為白色。紫赤色勒痕為自縊死亡當時所留下的皮下出血痕跡，而白色勒痕則是移屍再吊上時所留下的磨擦痕跡。雖然痕跡的顏色、數量可能係肇因死者生前的行為、施力力道、方向、間隔時間而有差異，但非他為的或屍體未被移動的死亡情況，較少在屍體上發現多種顏色不同的痕跡。

二、環境中的不合理配置：現代鑑識人員抵達可能移屍的現場後，會觀察不合理的跡證，譬如鞋（足）印：光是鞋（足）底就可以發現很多玄機，例如陳屍在戶外者，鞋底太過乾淨、未穿鞋、在郊外穿拖鞋者、鞋印數量超過一人以上者，都與現代社會生活習慣較不相符，陳屍場所就有可能為第二現場。本案例官員除了驗屍以外，尚仔細觀察死者鞋子的情況，此舉隱涵了從屍體、現場、涉嫌人、證據等四相連結，並進行綜合研判的智慧。本案例承辦官員發現死者弓鞋上並無前夜大雨所應留下的泥漬，因而判斷死者應是其丈夫某甲懸空揹扛而來，並以此為線

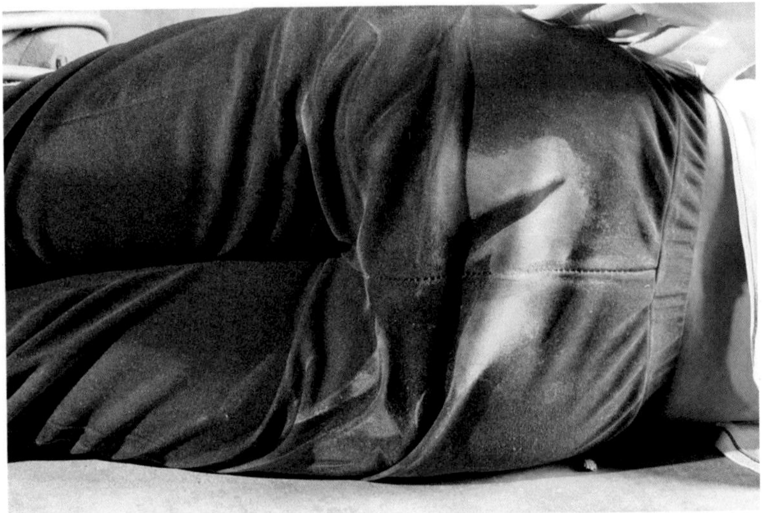

遭移動之屍體，褲底有拖移灰塵痕跡

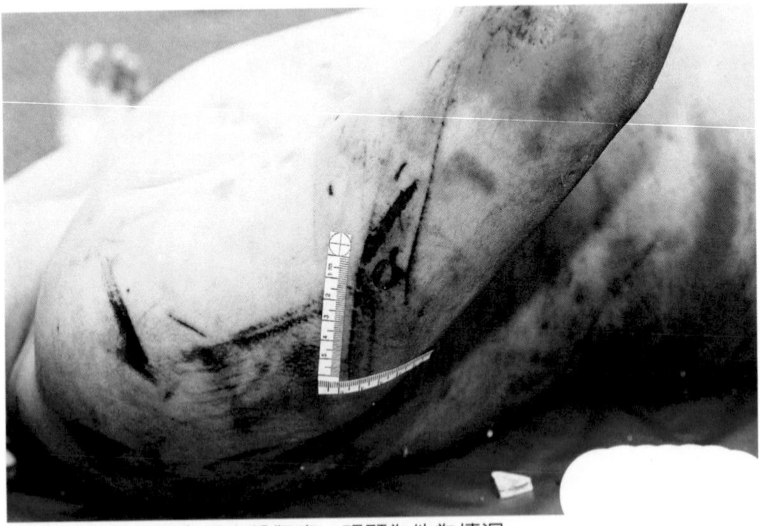

死者手臂外側多處受攻擊傷痕，明顯為他為情況

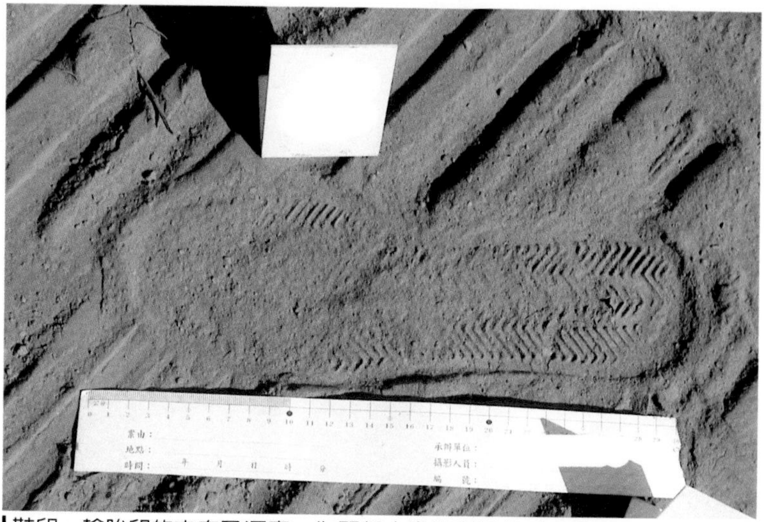

┃鞋印、輪胎印的方向及深度，為關係人進出現場的重要跡證

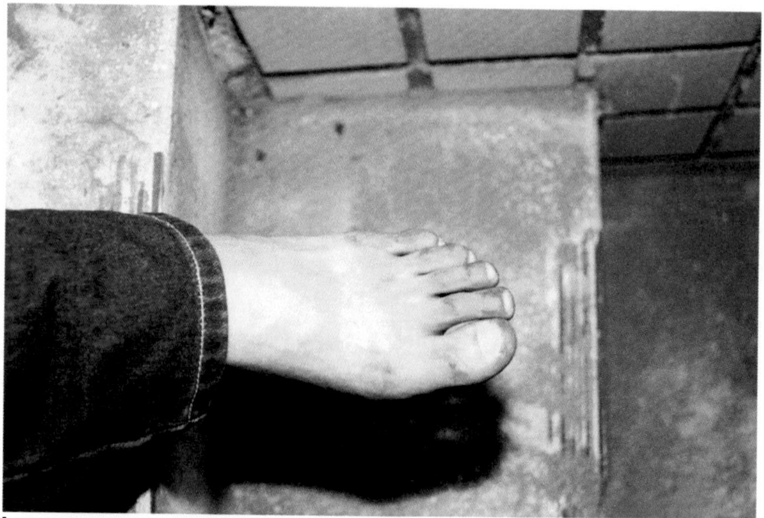

┃戶外棄屍現場，死者腳底無鞋子，與常人生活習慣不符合

索，斷定某甲想要移屍嫁禍。觀察死者身上的微量跡證以判斷陳屍處是否為第一場的做法，《洗冤集錄》已有相關的說明：「若當泥雨時，須看死者著何樣靴鞋，踏上處有無印跡。」本案除了由死者鞋子所沾微物跡證進行判斷之外，尚可由某甲之鞋子進行分析：甲婦之屍體係由甲背負至乙宅，按當時泥濘路面，以及某多背負一人之重量，甲之鞋子深陷泥沼機會大增，與一般行走路面沾附之泥土深淺狀況絕對有所不同，此亦可作為判斷的另一根據。另外，若案件中某甲與某乙的足部大小差異甚大，測量現場鞋印大小進行比對，輔以行進方向進行研判，案情也可水落石出。

三、現場其他相關痕跡：現場任何痕跡之形成均有其成因，當發現痕跡與屍體搬動有關時，就要懷疑該處可能並非原始的現場。這些痕跡可能以灰塵、血跡、泥土、鞋（足）印、指掌紋、甚至頭髮形式呈現。透過對現場仔細的觀察，可以發現這些可疑的痕跡。

四、昆蟲證物的呈現情況：現代鑑識人員已經可以輕易分辨屍體上昆蟲的種類；當發現屍體上的昆蟲與陳屍背景不符時，也要懷疑屍體曾被移動的可能。本書「金之部之四」中（詳後），亦可見到古人對案發現場昆蟲的初步觀察與相關知識運用。

【今日相關參考案例】

〔臺灣某報訊〕桃園縣龍潭鄉李男以鋼索絞殺妻子張女，殺人後割開妻子衣物，將褲襪與內褲褪至膝蓋，還用衛生紙團塞入下體故佈疑陣，意圖嫁禍給偷車賊，李某在丟棄車輛時被熟人看見、殺妻案情因此曝光。

居住在龍潭鄉的張女打算買新車，不料因而與丈夫李男發生口角。李男氣憤下，逕自前往車庫拿出一條機車用的煞車鋼索，返回客廳從妻子背後用鋼索纏繞頸部二圈、用力絞勒造成妻子窒息死亡。

殺人後，李企圖故佈疑陣，先將屍體搬到舊車後車廂，將妻子內衣反摺遮臉，並用美工刀割開胸罩，且將褲襪與內褲褪至膝蓋，還用一團衛生紙塞入下體，佈置妥當後，將車子開往當地汽車竊案頻傳的黃梅生紀念館前道路停放，還故意將鑰匙留在車上，企圖嫁禍給可能偷車的竊賊，製造性侵殺人假象。

然而，李某停車時被妻子的陳姓朋友看到，監視器也拍下這段過程。張父前往現場發現女兒的舊車，打開後車廂赫然發現慘死的女兒。案經警方據報逮捕李男，他應訊坦承殺害妻子且棄屍故佈疑陣。

【美國某報訊】美國國防部長表示利比亞領導人的部隊「將卡達菲殺害的死者屍體」移到聯軍空襲地點，顯然是為了嫁禍聯軍。

國防部長在接受有線電視訪問時表示：「事情的真相是，我們難以取得證據證明我們該對任何平民傷亡負責。」國防部長補充說：「我們確實收到許多情報，指利比亞領導人把自己殺害的平民遺體，移到我們進行空襲的地方。

【大陸某報訊】雙陽分局刑警大隊重案中隊李中隊長陷入了沉思，開始查找殺人騙保案件的破綻……

過沒幾天晚上，張男家裡來了眾多員警，他被警方帶走。警方介紹，從宋男家情況看，沒有能力每年交二千一百多元的保險費，更沒有能力連續交二十年。而張男卻因為宋男沒有辦過保險，而預謀殺人騙保。他先是用花言巧語百般說服宋男辦理了保險，然後告訴他不能跟家裡人說。辦理保險後，張俊和控制了保險單。

案發當天，張男將宋男騙到了山上，給了他兩片藥，說吃下這兩片藥後上吊，就會進入假死狀態，這樣可以從保險公司騙取保險金，之後張男可以把宋男救活。這樣，宋男在張男的指揮下上了吊。

等宋男真的死亡後，張男拖著宋的屍體偽造了被牛韁繩勒死的假相。將死因嫁禍給牛之後，張男開始說服宋家找「大人物」騙保，宋男妹妹為保單的受益人，因此特別相信張男的這套謊話。就這樣，張男順理成章地得到了理賠金。

土之部．之三．誤中井毒

【案情提要】

本文選自〔元末明初〕《輟耕錄》①，為一發生時間不明的工安意外案件紀錄。從今日科學角度來看，葉姓人家所雇之浚井夫父子，應係受到井中沼氣毒害而身亡。古人並無毒氣體分析及偵測儀器，較易發生這類工安意外。當時人對沼氣的認識並不完整，所以統稱密閉空間中有害身體的氣體為井毒伏氣（中醫學名詞）。

---

①《輟耕錄》又名《南村輟耕錄》，為〔元末明初〕陶宗儀所撰。陶宗儀字九成，號南村，浙江黃岩人。自幼刻苦攻讀，廣覽群書，因而學識淵博，工詩文，善書畫。元末兵起，陶宗儀避亂松江華亭，耕作之餘，隨手劄記。元至正末，由其門生加以整理，得其中精粹，分類彙編成書。該書的史料價值和學術價值都很高。陶宗儀對元代掌故、典章制度十分熟悉，尤其對元末東南地區農民起義狀況，多為耳聞目睹，因而該書所記真實性高，對元末黑暗統治揭露也甚多。《輟耕錄》有元末刻本和明刻本多種。一九五八年中華書局據影刻元本斷句後重印。

【案件紀錄】

平江①峨眉橋葉姓有一枯井，偶所蓄貓墜入，遂與浚井夫②錢，俾下取貓。其子入井久不出，父繼入亦不出。葉惶恐，繫索於腰，令家人次第③放索，將及井底，亟④呼救命。比⑤拽起，下體已僵而氣息奄奄，鄉里救活之。

---

① 平江縣在今湖南岳陽。春秋時屬楚附庸羅子國。秦置羅縣。漢末將羅縣東部劃為漢昌縣，三國時改名吳昌縣。唐神龍二年析湘陰東境置昌江縣；後唐同光元年為避莊宗祖父李國昌諱，以縣治周圍地勢平坦，江水至此平靜無波，改稱平江縣。

② 浚即疏浚也。《春秋・莊公九年》：「冬浚洙。」《公羊傳・莊公九年》：「洙者何？水也。浚之者何？深之也。」《漢書・溝洫志》：「隨山浚川，任土作貢。」《舊唐書・李晟傳》：「乃浚城隍，繕兵甲，以圖收復。」〔清〕葉廷琯《吹網錄・龍城柳石刻》：「康熙五十三年桂林東郊外郭氏治舍旁地，浚井得劍一枚。」浚井夫即專事疏浚井泉的勞動工人。

③ 次第原指依序。《漢書・燕刺王劉旦傳》：「及衛太子敗，齊懷王又薨，旦自以次第當立，上書求入宿衛。」〔唐〕劉禹錫〈秋江晚泊〉詩：「暮霞千萬狀，賓鴻次第飛。」〔宋〕陸游〈書事〉詩：「聞道輿圖次第還，黃河依舊抱潼關。」《老殘游記・第八回》：「車夫等人次第出來。」此指依人下降井的深度逐漸放下繩索。

④ 亟指緊急。《左傳・定公五年》：「夏，歸粟於蔡，以周亟，矜無資。」〔北周〕庾信〈代人乞致仕表〉：「陛下思周曲成，未忍捐棄微臣，困至於亟，轉不堪勝。」

⑤ 此處比字作副詞用，即等到、待到。《左傳・莊公十二年》：「陳人使婦人飲之酒，而以犀革裹之。比及宋，手足皆見。」《史記・殷本紀》：「比九世亂，於是諸侯莫朝。」《百喻經・醫與王女藥令卒長大喻》：「比得藥頃，王要莫看，待與藥已，然後示王。」〔清〕黃鈞宰《金壺浪墨・果勇夫人》：「比大芳至，天大風雪，夫人冒雪抱子，泰然登程。」

【原文語譯】

平江峨眉橋葉姓人家家中有一座枯井，某天家中所養的寵物貓不小心掉入枯井裡，葉家便給了通井的工人一點錢，請他下井把貓抓上來。沒想到工人的兒子進了枯井之後一直沒出來，工人接著下去也沒出來。葉家主人怕他們發生了什麼意外，就把繩子綁在腰上，叫家人將他慢慢放下井中看看，沒想到才剛到井底，葉家主人就急忙喊救命。家人馬上把他拉出井外，葉家主人下半身已經僵硬且幾乎沒有氣息，附近鄰居七手八腳的才把他給救活了過來。

【現場鑑識與法醫學分析】

傳統的說法指出浚井夫及其父應是死於伏氣井毒，但井毒說穿了就是沼氣之毒。由於這種氣體最初是在沼澤、湖泊、池塘中發現的，顧名思義就是沼澤裡的氣體，所以被稱為沼氣。有機物質在一定溫度、濕度、酸鹼度和缺氧條件下，經過各種微生物發酵及分解作用就能產生沼氣。沼氣主要成分是甲烷（CH_4），故有時人們會以沼氣作為甲烷的簡

廢棄水井內含許多腐敗物質，空氣不流通容易造成氧氣濃度不足

水塔內除了水垢沉積外，假如有落葉等其他腐敗物質存在，可能造成入內者發生中毒事故

稱。強調資源循環利用的今日，利用密閉空間內，讓微生物對廢棄物、動物排泄物（畜牧廢水）、家庭汙水、垃圾掩埋場等物質進行分解以取得甲烷含量五〇%以上的氣體作為能源，這些反應槽也被稱為沼氣反應槽。

甲烷為沼氣的主要成分之一，其次有二氧化碳、一氧化碳、硫化氫、氮及其他成分，比例大約為甲烷（CH_4）含量五五%～七〇%、二氧化碳含量二八%～四四%、硫化氫（H_2S）含量〇．〇三四%。沼氣的組成中，可燃成分包括甲烷、硫化氫、一氧化碳和重烴等氣體；不可燃成分包括二氧化碳、氮和氨等氣體。

甲烷對人類幾乎不具毒性，且比空氣輕，本案例中，發生之處為枯井，井底難免有淤泥爛沙壞樹斷枝，加上枯井久未使用，空氣不流通，甲烷含量大增，可能因此排擠掉原本空氣中氧氣含量比例；也有可能是因為井底二氧化碳及一氧化碳濃度過高，形成一個極度缺氧的半密閉空間，常人進入，不消幾分鐘即會失去知覺，若未接受急救，很容易就會死亡。

雖然沼氣有些成分對人類具有致命性，有些則無，不過古代人並不明瞭沼氣何種成分對人類具有致命性，僅從外表徵象瞭解到沼氣足以致人於死，故才對此通稱為「井毒」。本案例中提到葉某「將及井底，亟呼救命。比拽起，下體已僵而氣息奄奄，鄉里救活之」，即是井口上方民眾立即將呼救者拉出井底，脫離缺氧環境，方才保住葉某的生命。

今日第一線消防人員對此類患者的急救措施，亦是維持其呼吸道暢通，並立即除去危險環境因素後給予傷者氧氣①。

古人雖然不明瞭沼氣確切成分，但當時已設計出幾種防範井毒的機制，並具已有一定科學基礎：

一、進入深井工作的工人會在井口丟下羽毛。如果羽毛落下的速度明顯較慢，表示井內有比重、風阻較一般空氣為重的氣體存在，便應通風後方能下井。

二、進入密閉空間工作的工人會攜帶對空氣品質要求極為敏感之金絲雀（心跳極快，遇到不良空氣會有極端的生理反應）共同工作。當發現金絲雀活力大減時，或是出現焦躁不安、哀嚎躁動的反常狀況，工人即會撤離現場。

三、進入密閉空間的工作會點燃蠟燭在身旁，以作為工作場所氧氣是否充足的指標。

① 若沼氣中毒係發生在特殊地形中，可能就要考慮死者不是窒息致死，而是吸入過多硫化氫而亡。例如在火山地形附近的溫泉井，常具有高濃度的硫化氫氣體存在，吸進低濃度的硫化氫會惡心、嘔吐、溢淚、畏光、角膜及結膜發炎、流鼻水、咳嗽、喉嚨痛、聲音沙啞、呼吸加速、胸悶、與氣管炎等刺激症狀。高濃度時（七百五十至一千ppm），短時間內即會抑制腦部呼吸中樞，致抽搐、昏迷、及窒息死亡，這類中毒患者常於暴露後迅速昏倒，而死亡者主要發生於自然通風不佳，且平日少有人員進出的侷限空間所致。近來偶有部分案例，係民眾至溫泉區泡湯，因緊閉門窗致中毒之情況，主要肇事氣體即為硫化氫。不過就本案例發生地點來說，案發於湖南岳陽，附近並未有火山地形存在，因此硫化氫中毒機率不高，故「井毒」成因仍應為井底缺氧所致。

不過此舉具有一定風險，因為在沼氣充足的空間，沼氣中的甲烷為極度易燃之氣體，輕微之火花恐會引發火災或爆炸。故後來發展出來的做法是先將火把丟入，待沼氣燃燒殆盡再進入工作。

【今日相關參考案例】

〔**臺灣某報訊**〕彰化縣花壇鄉皮革工廠上月底發生沼氣中毒意外，賴姓工人不治後，使得這起意外中毒的六人全都死亡。

這起沼氣中毒事件發生在皮革廠，當時工廠要擴大地下污水槽槽間流水孔口徑，工程行兩名包工賴某、吳某來施工，未料二人一下到污水槽即昏迷；在外監工的皮革廠幹部吳某見池內沒動靜，趕忙率員工陳某、殷某、黃某進入搶救，結果也中毒昏迷。

中區勞檢所表示：「下去的時候要穿背負式安全帶，還有上面要有三腳架跟防墜器，還有安全索才能下去，工廠就是沒有通風、沒有測定、沒有機器依照標準下去做。」勞檢所表示，當時施工時沒有先確認污水是否排出，施工前沒先用儀器檢測槽內是否存留毒氣，也沒用抽風機保持通風，皮革工廠和工程行可能都有疏失。

〔**臺灣某報訊**〕高雄市鳥松區一處下水道工程今天發生沼氣中毒工安意外，三名工人送醫，高雄市水利局表示，一名工人不知現場已通水有沼氣，回頭撿榔頭而中毒昏迷，另兩人救人也中毒。

水利局說，這起意外發生在汙水道下水道工程第三期的I區，現場已完成推管作業，三名工人進入下水道打通推管封牆，汙水隨後通水並挾雜大量沼氣。三名工人上到地面後，其中一名工人回頭下去拿遺留工地的一支榔頭，因吸入過多沼氣，當場昏迷，另兩名工人見狀下去救人，也因吸入過多沼氣而中毒。

高雄長庚醫院表示，從送醫工人皮帶頭變黑狀況研判，疑為吸入硫化氫中毒。硫化氫是一種強毒性氣體，濃度超過一〇ppm就會對人體有害，低濃度聞起來氣味如臭雞蛋，高濃度會造成吸入者嗅覺神經麻痺，反而聞不出味道，不知不覺中喪命。

〔**大陸某報訊**〕浙江王江涇雙橋農科院附近污水井，當時有五六個人在現場作業。污水管道每隔七八公里有一個排氣閥，工人忙著更換排氣閥。某一分組的王某經驗較豐富，由他下井更換。工作一個多小時之後，管道另一端的工人以為已經更換完畢，於是打開了排氣閥。「不好，沼氣洩漏了。」王某這麼喊了一聲就再沒聲音。王某的女婿小王見岳父被困，趕緊下井救援。他一把抱起岳父往上舉，井口的工友接了過去。王某被救了上來，工友們讓小王趕緊上來，誰知，工友往井下看時，小王卻倒下了。

兩人被送往醫院後，經過兩個多小時的檢查、吸氧，王某恢復了意識，被送回病房休息。而小王中毒比較嚴重，在救岳父的過程中，吸入了較多的硫化氫。剛開始，小王處於昏迷狀態，經過二三個小時的搶救，終於轉危為安，隨後被送往重症觀察病房。

引發此次事故的原因是污水管道內有大量的沼氣，本來在下井作業的時候，兩端的閥門是關掉的，可這次閥門被打開，直接導致沼氣洩漏。據悉事發過程中，工人們都沒有穿工作服，也沒有佩戴任何防護裝備，現場也沒有監護人員，因而發生意外。

土之部・之四・糞毒斃命

【案情提要】

本文選自〔清〕《重刊補注洗冤錄集證》，為一誤入糞坑吸入沼氣斃命的命案。死者二人為豬販張敏之友，見張敏小豬誤落糞坑即代為搶救，結果不慎吸入糞坑內過多的毒氣，因而斃命。此案為一標準的工安意外致死的案件。

【案件紀錄】

雍正①十三年，高平②魏莊有豫③民張敏等販豬為業。因小豬誤落糞坑，二客下坑撈救，皆中糞毒殞命。驗其牙根骨青黑色，上下唇吻發青。

【原文語譯】

雍正十三年，高平魏莊有個從河南來做生意的豬販叫張敏，他所養的小豬不小心掉到糞坑裡，二個來拜訪的客人馬上跳到坑裡想替張敏把小豬給撈上來，沒想到一下坑這二人就給中了糞毒死了。驗屍發現二名死者牙根骨呈現青黑色，上下唇吻發青，確是死於中毒。

① 雍正為清朝皇帝清世宗愛新覺羅・胤禛（一七二三～一七三五年）年號。因為雍正帝之前曾被封雍親王，即位後採用雍正一詞。「雍正」有正統、名正的意思，以此為年號意在闢民間關於皇四子奪位的謠言。

② 高平在今山西高平市。夏商時代為冀州之域，春秋時為屬晉，始稱泫氏。戰國時改為長平，先屬韓，後屬趙，秦趙長平之戰後為秦所據，置高都縣，屬上黨郡。西漢、東漢、三國、魏、兩晉為泫氏縣，屬上黨郡。北魏初改元氏縣，屬建興郡，北魏永安二年（五二九年），改置建州，設長平郡，領泫氏、高平二縣，高平之名始於此。

③ 豫即河南的簡稱。

【現場鑑識與法醫學分析】

根據前一單元有關井毒沼氣之敘述，本案例之糞坑毒氣雖然也可能係導因於糞坑通風不良，而有過量甲烷及二氧化碳存在，導致窒息的可能，但考慮到硫化氫分子會與細胞血紅素作用，產生硫化血紅素（sulfhemoglobin）而引起化學窒息，並使皮膚出現偏藍，再比對本案例中死者「驗其牙根骨青黑色，上下唇吻發青」，所以本案例死者死於糞坑中硫化氫引起化學性窒息的可能性要較高。

水肥在存放的過程中極容易產生硫化氫。硫化氫（Hydrogen sulfide）是具有刺激性和窒息性的無色氣體。低濃度接觸僅呼吸道及眼部會感到刺激，高濃度時則全身表現出中樞神經系統受損與窒息症狀。

硫化氫具有「臭蛋」氣味，但極高濃度反而很快引起嗅覺疲勞而不覺其味。採礦（原油、天然氣、火山氣體和溫泉）、冶煉、甜菜製糖，製造二硫化碳、硫磺製造、有機磷農藥，以及皮革加工、硫化染料、顏料、動物膠等工業中都有硫化氫產生；有機物腐敗場所如沼澤地、陰溝、化糞池（本案例之糞坑）及污物沉澱池等處作業時均可有大量硫化氫逸出，另外如前一單元所提到的湯屋或溫泉井（硫酸還原菌於污泥中生長並生成硫化氫累積於槽內）亦會溢出硫化氫氣體，所以作業中的工人或民眾因此中毒的情況並不罕見。

硫化氫通過呼吸道進入人體，與呼吸道內水份接觸後很快溶解，並與鈉離子結合成硫化鈉，對眼睛和呼吸道粘膜產生強烈的刺激作用。硫化氫吸收後主要與呼吸鏈中的細胞色素氧化酶及雙硫鍵（R-S-S-R）起作用，影響到細胞氧化過程，造成組織缺氧。吸入極高濃度時將強烈刺激頸動脈竇，反射性地引起呼吸停止；同時也可直接麻痺呼吸中樞而立即引起窒息，產生「電擊樣」死亡。

按照吸入硫化氫濃度及時間不同，臨床表現輕重不一。輕者主要是刺激症狀，

火山地形中，湖水有大量硫化氫溢出，圖為北投地質公園

像是流淚、眼刺痛、流涕、咽喉部灼熱感等，或伴有頭痛、頭暈、乏力及噁心感。進行檢查時可見眼結膜充血、肺部有雜音。患者脫離接觸後，短期內這些症狀都會消失。中度中毒者粘膜刺激症狀加重，出現咳嗽、胸悶、視線模糊、眼結膜水腫及角膜潰瘍，還伴隨明顯頭痛、頭暈等症狀，並出現輕度意識障礙，肺部明顯有雜音。重度中毒出現昏迷、肺水腫、呼吸循環衰竭。吸入極高濃度（1000mg/m3以上）時即出現「電擊樣」死亡。嚴重中毒後痊癒，將留有神經、精神方面的後遺症。

【今日相關參考案例】

〔**臺灣某報訊**〕臺中縣龍井鄉某造紙廠四日發生一起安全生產案件，六名工人清洗紙漿槽時疑似因為通風不良導致硫化氫中毒。在實地檢查該造紙廠後，勞委會表示，當天工人清洗紙漿槽，未開啟抽風機，也沒有配戴任何呼吸防護裝備，因此推測應是通風不良導致六名工人硫化氫中毒。

勞委會指出，造紙廠紙漿槽清洗作業是最典型的侷限空間作業，法令規定進行這類作業的現場作業主管及勞工，都應該接受安全衛生教育訓練，並具備應有的安全衛生知能。

勞委會進一步指出，清洗紙漿槽前及清洗當下都應該開啟通風設備，強制送入新鮮空氣，並隨時測定其中氧氣及其它有害物質的濃度，此外，現場也應放置空氣呼吸器等搶救裝備，以備不時之需。

【臺灣某報訊】雲林斗六一家冷凍工廠趁著假日清理污水處理槽，二名工務人員帶著四名外勞進入汙水道清污泥，結果發生硫化氫中毒事件，其中一名三十四歲的越南籍外勞送醫不治，五人還在急救中。

大批醫護人員邊送邊搶救，現場總共六人送醫，一人沒有生命跡象。預防吸入硫化氫，救護人員穿著防護衣，救護地點也特別用布幔隔離。這起意外發生在雲林斗六，地點是一家冷凍工廠，老闆趁著假日抽乾儲存槽，交代員工清理乾淨，二名工務人員帶著四名外勞加班，卻不幸發生意外。

硫化氫是具有腐蛋味的無色氣體，因為比空氣重，容易聚積於低漥處，工作人員進入積存硫化氫的地點，如果通風不良，就容易發生中毒現象。

【臺灣某報訊】臺北縣萬里鄉湯屋昨天傳出兩死一傷的硫化氫中毒意外。出事的休閒山莊疑因通風不良，硫磺泉水逸出的硫化氫無法飄散，當硫化氫濃度過高，毒性具有「瞬間擊倒」能力，讓人體組織缺氧，前往救人的父女不察，接連倒地。

金山劉分局長指出，四年前，山莊工作人員清理水塔時，也曾發生硫化氫中毒，造成一死二傷意外。劉分局長說，何女常到山莊泡湯，簡男可能發現舅媽遲遲未出來，才前往察看，簡某女兒發覺不對勁也進去，才發生意外。

為釐清中毒原因，萬里消防分隊陳小隊長以氣體偵測器偵測，測得硫化氫竟高達一一一ppm。硫化氫濃度超過一〇ppm就對人體有害，湯屋內竟測得一一一ppm，已算高得嚇人。他說，硫化氫的比重比空氣重，容易累積在地面上，但休閒山莊並未在湯屋下方留通風口，只有上端有通風空間；研判被硫磺泉水帶出的硫化氫持續累積在湯屋內，無法消散，才導致二人中毒死亡。

金之部

金之部．之一．刀痕決疑

【案情提要】

本文選自〔宋〕《洗冤集錄》①，為一未記載發生時地的兇殺命案，死者為二名身上滿佈刀傷的男子。經初步訪察目擊者，以為二者相鬥而死：陳屍在室外者先死，陳屍在室內者為殺人後畏罪自殺。但深入驗屍後發現陳屍在室內者腦後有刀傷，斷不可能是自戕所留下，此案應為他殺命案，後果驗之無誤。

①《洗冤集錄》又稱《洗冤錄》，為〔宋〕宋慈所作。宋慈的《洗冤集錄》是中國第一部全面而又系統的應用醫學、生物生理等方面的理論、技術，它研究解決司法檢驗中有關人員傷亡的理論和實際問題。

【案件紀錄】

有一鄉民令外甥並隨人子將①鋤頭，同開山種粟。經再宿②不歸，及往觀焉，乃二人俱死在山，遂聞官。隨身衣服並在，牒③官驗屍。

驗官到地，見一屍在小茅舍外，後項骨斷，頭面各有刃傷痕；一屍在茅舍內，左項下、右腦後各有刃傷痕。在外者，眾曰：「先被傷而死」；在內者，眾曰：「後自刃而死。」官司但以各有傷，別無財物，定兩相拼殺。一驗官獨曰：「不然，若以情度情④，作兩相拼殺可矣，其舍內者右腦後刃痕可疑，豈有自用刃於腦後者？手不便也。」

---

① 將指攜帶。《左傳・桓公九年》：「楚子使道朔將巴客以聘於鄧。」《淮南子・人間訓》：「居數月，其馬將胡駿馬而歸。」《三國志・魏志・裴潛傳》：「謚曰貞侯。」裴松之注引〔三國魏〕魚豢《魏略》：「每之官，不將妻子。」〔宋〕陸游〈夜與兒子出門閑步〉詩：「家住黃花入麥村，閒將稚子出柴門。」

② 宿指過二夜。《左傳・莊公三年》：「凡師一宿為舍，再宿為信，過信為次。」

③ 牒指發文或行文。〔唐〕韓愈〈贈太傅董公行狀〉：「并牒太常，議所謚。」〔宋〕沈括《夢溪筆談・權智》：「至揚州，牒州取地圖。」〔明〕謝肇淛《五雜俎・事部二》：「至曲江大會，先牒教坊。」〔清〕馮桂芬《續郡志記兵》：「又牒諸將攻湖州。」牒官在此指通知官府。

④ 度指推測。《詩經・小雅・巧言》：「他人有心，予忖度之。」《史記・項羽本紀》：「項王自度不能脫。」〔宋〕王安石〈上富相公書〉：「某竊自度，守一州尚不足以勝任，任有大於一州者，固知其不勝也。」以情度情意指用一般常見的情況來推測案情。

不數日間，乃緝得一人，挾仇拼殺兩者。縣案明，遂聞①州，正極典。②不然，二冤永無歸矣。

【原文語譯】

一位鄉民叫他的外甥跟著朋友的小孩，帶著鋤頭到山裡開荒種粟。沒想到過了二個晚上外甥和友人小孩都沒回來，親友到山上探望，發現這二個人都死在山裡，馬上去通報官府。官員到場發現二人的隨身衣服財物都在，於是通知驗屍官前來驗屍。

驗屍官一到現場，看到其一屍首陳屍在小茅舍外面，後項骨被砍斷，頭和臉都有一些刀傷；另一屍首陳屍在茅舍之內，左邊脖子下、右腦後各有刀傷。陳屍在室外的，圍觀的

① 聞：聞指傳告。《詩經・小雅・鶴鳴》：「鶴鳴於九皋，聲聞於天。」《管子・牧民》：「不祗山川則威令不聞。」《資治通鑑・唐肅宗至德元載》：「巡使郎將雷萬春於城上與潮相聞，賊弩射之，面中六矢而不動。」《二刻拍案驚奇・卷十五》：「此話一聞，那些做媒的如蠅聚羶，來的何止三、四十起。」〔清〕蒲松齡《聊齋志異・辛十四娘》：「一日，楚公子馳函來，女焚爇不以聞。」

② 極典指死刑。〔宋〕岳珂《桯史・汪革謠讖》：「革亶坐手殺平人，論極典，從者未減。」《明史・宦官傳一・王振》：「初，太祖禁中官預政。自永樂後，漸加委寄，然犯法輒置極典。」〔清〕昭槤《嘯亭雜錄・優容大臣》：「如明相雖貪擅，上念其籌畫三逆之功，時加警策，終未置之極典。」

民眾說：「大概是他先被殺死的」；陳屍在室內的，圍觀的民眾說：「大概是他殺了人之後，畏罪自殺死的。」承辦官員一開始以為二名死者各有刀傷，又無財物損失，判斷定兩人大概是因故相拼殺。但驗屍官獨排眾議：「不是這樣的，如果以常情來看，判斷他們兩人互相拼殺沒錯，但陳屍室內的那名死者，右腦後有一處可疑的刀痕，哪有人殺了人後畏罪自殺卻用刀砍自己後腦的？手根本砍不到。」

沒幾天官府就抓到一名兇嫌，原來他和二名死者有仇，便趁機上山殺了二人。這樁懸案明朗化後就上報州郡，判了兇嫌死刑定讞。所幸有驗屍官，不然二條人命的冤案只怕沒水落石出的一天。

【現場鑑識與法醫學分析】

由於刀具取得容易，因此在古代甚或現代設有槍枝管制法律的地區，以刀具作為兇器行兇的案件，仍佔刑案之大宗。因此現場鑑識遇到必須研判刀傷是否為自殘或是他為的機率十分之高。

除了遇到死意堅決或手法特殊的非典型自殘性刀傷，在分辨上會較為困難，尚須綜合所有資料研判較為妥適外，一般容易觀察判斷且得以排除他為的典型的自殘性刀傷特點如下：

一、多發性猶豫傷（multiple with trial cuts）：自殘者除非有堅強的求死意志，否則較會以試探的方式多次切割傷口，形成的多發性猶豫傷及試探傷。這類傷口通常排列整齊（multiple and parallel）、規則（regular）且深度較淺（superficial）。猶豫傷口與抵抗性的防禦傷在部位、深度、方向及型態上均有所不同。本案例中，位於茅舍內之屍體，並未特別記載到死者手部或身體其他常見自殘部位出現猶豫刀痕，故有他殺的可能性。

二、可能存在的蓄意切割手腕（deliberate cutting of the wrist）：自殘通常以切割手腕的方式居多，除了該部位係手部持刀最方便切割的位置之一，該部位因具有動脈血管，一旦受傷也容易致命。須注意的是，發現屍體具切割手腕的情況，尚須考慮傷口方位、左右手位置，是否符合死者的用刀習慣，例如慣用右手者自殺時，傷口多在左側，則較可以排除他為偽裝成自為的情況①。

① 國內保險詐欺案件常見這類自殘案例，除了理賠金額較大外，亦與手部為相對容易下手部位有關。

三、正面胸（chest）、頸（neck）、腹（abdomen）為常見自殘部位：除了手部以外，身體正面的胸、頸、腹等部位亦可能為自殘的傷害部位；但若傷口在背部等手部不易碰處的部位，在研判時就需特別謹慎。本案例二名死者上半身要害滿佈刀傷，且其中不乏致命傷，乍看的確很像一件二人爭執之後互相砍殺而致先後死亡的案子。但經驗豐富的驗屍官看出了其中的蹊蹺：若陳屍於室內者為相鬥之勝利者，但稍後死於畏罪自殺，那麼他的致命傷應在較易自己下手的臉、頸、胸腹等正面部位，但其右後腦竟然有致命刀痕，不論室內死者慣用左手或右手，要反手往自己腦後砍殺並不容易；若當真要持刀斧反手自殺，受到肩、肘、腕等關節角度的限制，肌肉所能產生的力道也不夠造成致命傷，故驗官曰：「豈有自用刃於腦後者？手不便也」，實已具今日法醫判斷傷痕是否有「便利性」的重要觀念①。

四、自殘死亡者，工具會遺留在現場：除非事後因環境變動、動物搬移等其他外在因素，否則以刀具自殘死亡者，刀具一定會遺留在現場。若未發現刀具，或是刀具種類與傷痕不吻合時，均有他殺之嫌疑。

① 另外本案例室內死者左項下之刀痕，以現代觀點來說，亦留有許多討論的空間，如此刀痕的刀刃方向、力道等，是否與死者慣用的施力方向相符？若有疑慮，即有可能為他殺案件。

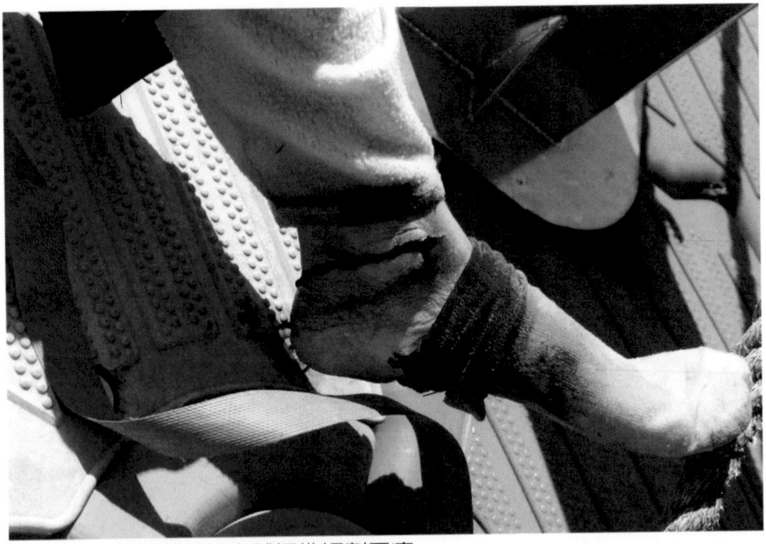

自殺者，於腳踝發現之試探性切割刀痕

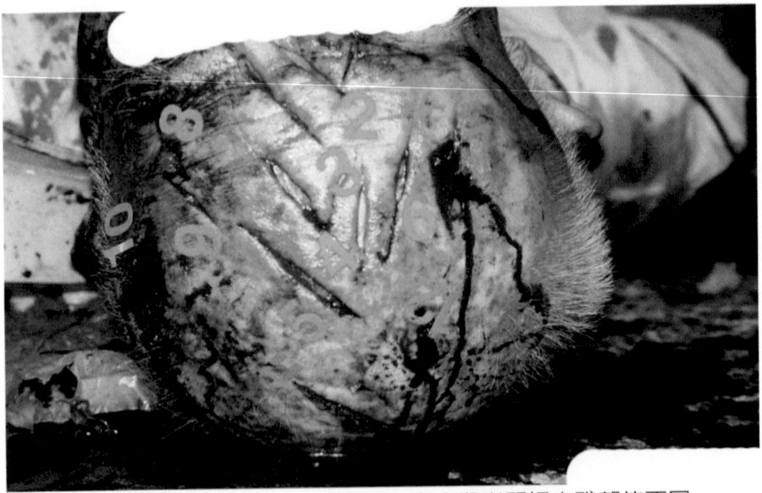

頭頂多處刀痕，為明顯遭受攻擊態樣，與自殺者習慣自殘部位不同

如果死者身上衣物發現有刀痕，不論衣物上傷口與刀傷位置是否吻合，對研判是否為自殘而言，通常沒有多大意義（little diagnostic significance）。原因在於有些自殘者為了避免毀損衣服，自殘前會移除衣服或避開身體的衣著部位，因此相關衣服上的刀痕位置比較無法作為自殘與否的判斷依據。

綜合來看本案例二名死者的刀傷與前述自殘性刀傷現場概況相對照後並不符合。果然經過深入調查，看似二人相互砍殺而死的案子，原來係二人的共同仇人先後將二人殺害後，再把現場偽裝為互砍致死的仇殺命案。

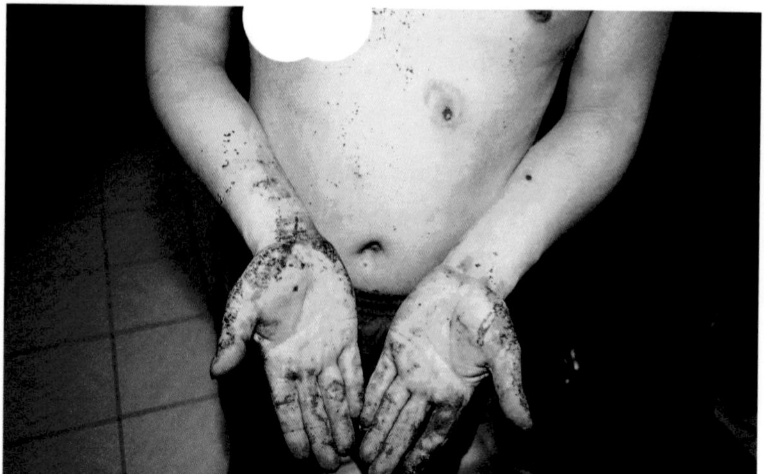

持刀行凶者，手部及身上存有各種態樣的血跡噴濺型態

【今日相關參考案例】

〔臺灣某報訊〕高雄鳳山八仙公園內發現一遊民倒臥血泊當中。屍體上身赤裸，一旁有一件濕透的汗衫，死者腹部有兩處刀傷，左手腕有一齊平刀傷，後腦勺有撕裂傷，初步不能確定自殺或他殺。但後腦勺傷勢十分可疑。

後來警方在發現離屍體三十公尺發現一台腳踏車，車旁有拖鞋和一把水果刀，刀子套在刀鞘裡，刀刃上沾有血跡，而附近的水龍頭也有清洗的血漬。若死者為自殺，斷不可能自戕後洗淨血跡又將刀插回刀鞘，因此本案朝向他殺方向偵辦。

〔臺灣某報訊〕臺南市驚傳殺人棄屍命案！一名男子遭人在家中持菜刀砍死後，被抬到離家五十公尺一處池塘內棄屍，連所騎的腳踏車也丟入池裡，企圖故布溺死假象。但警消將屍體打撈上岸後，驚見死者肚破腸流，接著在死者房間找到一床血棉被和一把菜刀，床上、地上血跡斑斑，研判房間是命案現場，全案應是熟人所為，警方現正調查緝兇中。

臺南市消防局接到民眾報案，安南區公學路一處池塘內，有人騎車衝進池塘，消防人員抵達發現是一具浮屍打撈上岸，見男子腹部竟有一道長二十多公分傷口，腸子外露，接著在距浮屍五公尺處，撈獲一輛紅色腳踏車，有他殺嫌疑。

警方查出，死者楊某住池塘對街，通知家屬指認無誤，警方隨後到楊家搜查，在楊男房間發現床上棉被和地面有血跡，研判應是兇殺命案，於是封鎖池塘及房間採證，並在棉被裡查扣一把沾血菜刀，疑為兇器送驗；另抽乾池水後並未發現任何兇器。

楊母向警供稱，她和丈夫育三子，次子原從事塑膠模具工作，八年前車禍受傷後失業窩在家裡；前晚她跟丈夫和三個兒子在家看完電視後回娘家，由於最近常有死者朋友帶酒到家裡喝，她懷疑兒子酒後與人衝突被殺。

警方研判，命案現場到棄屍池塘，路面未見半滴血跡，僅在池塘鐵欄桿和地面發現血跡，不排除兇手殺人後有人幫忙棄屍，行兇棄屍時間推測在前夜到昨晨路上人煙稀少之時。

〔臺灣某報訊〕屏東潮州有個「小三」，長期懷疑男友在外另結新歡，於是夥同乾女兒下手將男友殺害，再將兇刀握於男友手上，企圖偽裝成男友自殺情狀以影響警方辦案。所幸最後被警方識破，並於屏東火車站將兇嫌及其乾女兒捕獲。

林姓女子是林姓男子的外遇小三。由於林女長期懷疑林男在外另結新歡，某日夥同其乾女兒，相約林男至旅館尋歡，稍早並吩咐乾女兒先預藏水果刀，準備行兇。

待林女等人將林男灌醉後，即持水果刀將林男猛刺身亡。隨後不急不徐地將水果刀插入林男緊握的手中，企圖製造林男自殺的假象，同時打電話報警。警消到達現場，即對林男進行急救，然而林男傷勢過重，急救無效。林女還在一旁假意關心林男傷勢。

後來警方勘驗林男傷口，發現傷口極深，且傷勢方向和林男手持刀刃方向不符，遂將林女列為重嫌。隨後在屏東火車站捕獲欲搭車北上藏匿的林女及其乾女兒，案情遂告明朗。

金之部・之二・吞金殞命

【案情提要】

本文選自〔清〕《重刊補注洗冤錄集證》，為發生在清朝的自殺命案。雲南總督劉某調查總兵田允中吞金箍自殺案①。經訪查得知田允中初吞金箍時神情恍惚，不進飲食，只取水喝。數日之後口吐黃水而死。經驗屍並無毒殺跡象，劉某判定田允中應為自殺無疑。

① 本文雖未明言案件發生時間，但從文中「督」、「總兵」等官名可以推知是案應該至少發生在明朝以後。查中央研究院歷史語言所藏內閣大庫檔案收有〈兵部為奉諭田允中補授永順鎮總兵〉檔案文件，與本案死者有關，時間為乾隆廿四年，是知本案當發生在乾隆年間。

【案件紀錄】

雲督①劉某參②總兵③田允中吞金斃命一案：驗明屍身並無別項形狀；用銀針探驗，亦無青黑形色。查田允中於初五吞金箍三個後，精神恍惚，不進飲食，時索水飲。於初八日口吐黃水④不止，即於是夜殞命。

①雲即雲南，督即總督。明代初期在用兵時派部院官總督軍務，事畢即罷。成化五年始專設兩廣總督，後各地逐漸增置，成為定制。清代始正式以總督為地方最高長官，轄一省或二三省，綜理軍民要政，例兼兵部尚書及都察院右都御史銜。另有主管河道及漕運事務者稱河道總督、漕運總督。

②參指檢驗、考索驗證。《荀子・勸學》：「君子博學而日參省乎己，則知明而行無過矣。」〔漢〕董仲舒《春秋繁露・立元神》：「察其好惡以參忠佞，考其往行驗之於今。」〔宋〕趙彥衛《雲麓漫鈔・卷八》：「前輩嘗以《邵氏聞見錄》與《石林避暑燕居錄》等，以歲月參之，皆不合。」〔清〕陳鱣《對策・卷四》：「正史之外，有雜史、通史、霸史、偽史諸類，所以資洽聞、參直筆也。」

③總兵為官名。明代遣將出征，別設總兵官、副總兵官以統領軍務。其後總兵官鎮守一方，漸成常駐武官，簡稱總兵。清因之，於各省置提督，提督下分設總兵官及副總兵官。總兵所轄者為鎮，故亦稱總鎮。〔清〕黃宗羲《明夷待訪錄・兵制二》：「有明雖失其制，總兵皆用武人，然必聽節制於督撫或經略。則是督撫、經略將也，總兵偏裨也。」

④黃水在中醫術語中指的是脾胃引起的腹腫疾病，《中藏經・論水腫脈證生死候》：「黃水者，其根起於脾，其狀先從腹腫也。」本文指的是胃酸及膽汁逆流的混合物。

【原文語譯】

雲南總督劉某考索總兵田允中吞金斃命的案件：驗屍發現死者全身沒有特別狀況；用銀針探驗死者，也沒發現銀針呈現青黑色的毒物反應。經過調查得知田允中在本月初五吞下金箍三個後，精神就十分恍惚，也不吃東西，只是常要水喝。本月八日開始一直吐黃水，當天夜裡就死了。

【現場鑑識與法醫學分析】

本案死者田允中所服為熟金製成的金箍，純金與大部分的化學物質都不會產生變化，所以無毒性，單純吞金應該不會中毒。今日純金亦常被作為合法的添加物，添加到食品及化妝品裡，如常見的金箔飲食、奈米金養生食品、金箔護膚等；日本也有人將金箔作為壯陽、增壽之藥品，這樣的作法或源自道教思想「食金者壽如金，食玉者壽如玉」。

中醫多認為「寶物」如金箔、琥珀、真珠之類可鎮心安魂。中國《本草備要》就記載金箔：「性味辛平、有毒」，功用為鎮心肝、安魂魄，主治驚癇風熱、肝膽之病。除了單獨食用，金箔也可加入藥煮成煎劑，在中醫的觀念裡，它發揮的是加強藥物吸收及療效的作用。

然古人會選擇以吞食黃金做為自殘的手段並達到效果，這可能是用來吞食自殘的黃金並不純粹所致。中醫把金分為「生金」與「熟金」，未經多次冶煉鍛打的黃金叫作生金。《本草綱目》就說金「生者有毒，熟者無毒」、「毒金即生金……赤而有大毒，殺人，煉十餘次，毒乃見」，其有毒能殺人，切忌入藥。這是因為生金尚未去除其中的重金屬雜質，所以致命。以科學觀點來看這是正確的礦物觀察。生金在自然界中常與硫化物或毒砂共生。硫化物的毒性不必贅言，而毒砂即砷黃鐵礦，中國用毒砂提煉砒霜的歷史悠久。所以《本草綱目》等古醫書指生金有毒，其來有自。

就黃金的化學性質以及本案例所載死者的情況來看，於吞金三日後（初五至初八）死亡，症狀為「吐黃水不止」，且吞服為熟金之「金箍」，推測死者有可能是因為吞服金箍之後，金箍卡在消化道，無法進食造成體力耗盡。今日誤食金屬異物致死的案件亦時有耳聞，死亡原因多為消化道腐蝕、食道穿孔等①。

① 例如學齡前幼童可能因為好奇而誤食玩具內的水銀電池或是家長的鑽戒、耳環、鈕扣、硬幣等物品。國內也曾發生過囚犯吞電池企圖自殺的事件。以吞電池的狀況來說，雖然可能少部分人不會有不適症狀出現，電池稍後幾乎都可和糞便自

本案例中，黃水係胃酸和膽汁逆流的混合物，因生吞異物，無法進食，胃壁勢必受到胃酸嚴重傷害；加上腹中異物又不斷刺激，促使胃酸分泌更多，激烈的作嘔感不斷作用，在吐無可吐的情況之下，只能吐胃酸和膽汁了；又黃金比重一般是水的十九至二十倍，黃金在消化道內可能造成腸胃垂墜，金飾銳利的邊緣也可能造成消化道穿孔的潰瘍傷害，如此消化道反覆發炎出血，以致死亡。

然排出；不過若電池卡在腸胃道（最常是食道），內含的氫氧化鉀或氫氧化鈉從接合的地方滲漏出來，就容易造成腐蝕與灼傷，導致腹痛、吞嚥疼痛，甚至食道穿孔的症狀發生。若發生在幼兒身上，在無法用言語清楚表達的情況下，未能在第一時間做出準確判斷和正確治療，生命將遭受危害。

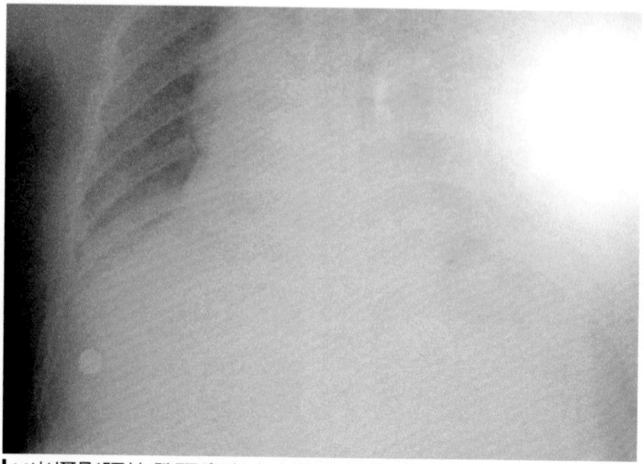

X光攝影照片發現患者右上腹有異物遭到食入，造成大量內出血

【今日相關參考案例】

〔大陸某報訊〕日前在浙江寧波市看守所，被拘留的黃女自縊未遂，送醫院救治後死亡，經檢查發現其肚子裡金屬物件很多，懷疑她在禁止帶任何金屬進入的監室裡吞金屬死亡。浙江寧波市公安局說明，黃女死亡後，警方立即督促相關部門展開調查，並報告了寧波市檢察院。目前，看守所相關領導和警方已被停職接受調查。

寧波市公安局在案發後說明：黃女在監室內自縊，被及時發現後經值班醫生緊急施救，立即送往寧波市第一醫院救治。第二天淩晨，黃女突現窒息症狀，經努力救治終因不治身亡。據醫院死亡原因初步分析：呼吸衰竭、腸阻塞致大量胃內容物逆流造成黃女窒息而亡。

〔大陸某報訊〕年輕芳女被男友劉某攙扶著來到安醫大二附院內鏡中心。芳芳一臉蒼白，雙手捂著肚子。劉銘一臉焦急地找到醫生，「我女朋友剛剛吞下一個金戒指，麻煩你們趕快幫忙給取出來。」

聽了劉某的說明，內鏡中心唐副主任立即將芳女帶進檢查室。經初步檢查，確定金戒指仍然在胃內。唐副主任決定立即用胃鏡取出芳女體內的金戒指。「胃鏡探頭到達胃裡，儀器顯示螢幕上就出現金戒指的畫面，戒指在胃底部。」隨後，唐副主任小心翼翼地操作儀器，用異物鉗穩穩抓住金戒指的指環端，然後慢慢退出賁門、食管及咽部。不到五分鐘，金戒指被順利取出。

據劉男說明，他和芳女因為小事發生爭吵，沒想到芳女從手上摘下他送的金戒指直接吞了下去，嚇得他立即拖起芳女趕到醫院。「當時非常氣，都不想活了，想起以前在電視劇上看到過的情節，所以就把金戒指吞下去了。」折騰一番的芳女有氣無力地說。

〔臺灣某報訊〕高齡七十三歲的郭老太太有膝蓋關節炎的病史，孝順的兒子媳婦給她喝鮮魚湯進補，想不到老太太竟然不小心吞下魚刺，她咳了幾下，吞了幾口白飯後，喉嚨不痛了，她也就不以為意。

第二天老太太因為上腹痛及背痛而來到醫院急診就醫，急診醫師發現她有上腹部壓痛，尿液檢查有輕微膿尿，初步懷疑是泌尿道感染。住院後，檢查結果竟然發現有一根三公分長的魚刺刺穿胃壁，同時有腹腔內游離氣體及疑似腹膜炎，於是緊急聯絡外科醫師，安排緊急手術，老太太也於一星期後康復出院。

大多數被吞下的異物在一星期內都可自行由腸道排出體外，但如果是有尖銳端的異物卻有一五%至三五%造成胃腸道穿孔。要診斷消化道異物，最基本的是從詢問病史開始。其次為病人的臨床表現，包括腹痛、發燒、白血球增加、敗血症。電腦斷層攝影也是檢查的利器，除了可以確認異物的存在，若有刺穿或阻塞消化道，或是周圍組織發炎之情形，也能一併發現。

胃鏡檢查可發現大部分的上消化道異物，甚至可以將異物夾出來，在操作上卻需要醫師特別小心，一方面有時異物埋在消化道壁中，不易發現；另一方面若是尖銳的異物，夾出時不慎則有可能造成二度傷害。

金之部・之三・借刀殺人

【案情提要】

本文選自〔清〕《問心一隅》①，為發生在山東博平縣之命案，自首之兇手為死者張氏丈夫金四。博平縣令胡秋潮原以命案發生過程係金四得知張氏外遇後憤而殺害之。後來縣令發現金四異常沮喪，各方面的表現都不像衝動行兇者。深入調查後得知係張氏前一姘頭初泳全因不滿張氏另結新歡，假意替金四出氣，順便滅口而殘殺張氏。未想金四被初泳全蒙蔽，還願為其揹罪。調查至此，案情大白。

① 《問心一隅》為〔清〕胡秋潮所編，為胡任縣令時所承辦過的案件摘錄，約成書於咸豐年間。胡為浙江人，〔清〕道光年間曾任山東博平縣令，其餘生平不詳。

【案件紀錄】

余始任博平①，金家莊有金四者，殺妻投首。②余視其人一瘦怯少年，問其歲才十七。問何故殺妻，曰：「小人娶張鳳儀十五歲之女為妻，過門二載。忽於本年九月十三，張氏與鄰人高法科有私，被小人撞遇，經父親金管以顏面攸關阻止。小人氣忿不釋，遂於十九日晚上將張氏殺死。」

余即日帶領刑件③親詣勘驗，已死張氏遍體刃傷，是一時氣忿殺死情狀。然何以金四投首之時，情詞沮喪，無兇悍之氣？且問姦五日而殺心始熾，又極如是之殘忍，其事其人恐多不類。余即謂金管曰：「爾媳張氏恐未必死於爾子之手。」金管曰：「媳婦實死於兒手。若他人殺死，兒肯依乎？媳父張鳳儀肯依乎？」從旁鄰證④初泳全即插口曰：「太爺要問殺，先問姦。姦情實，金四殺姦無疑耳。」喋喋眾口，竟難折辯。

① 博平即今山東博平鎮。春秋齊博陵邑，漢高祖六年（西元前二〇一年）置博平縣，因縣境廣闊且平故名。

② 投首即投案自首。《前漢書平話．卷上》：「楚之臣鍾離昧、季布二人，赦到，投首到官者無罪，官職依舊封之。」《初刻拍案驚奇．卷三一》：「其餘的在賽兒破敗之後投降的，不准投首，另行問罪。」

③ 刑件即仵作一類之吏役。〔清〕嚴如熤《三省邊防備覽．藝文下》：「設刑仵於所管地方，命案相驗，牒交印官，訊詳於屍傷，可免腐變。」

④ 鄰證指具案發地緣關係的證人。

至論高法科之與張氏有姦，則因眾證確鑿，無可抵賴矣。而張氏是否死於本夫，究竟難成信獄。①除飭將張氏棺埋②，餘人帶赴衙門再行研訊。

覆審三日，不易一詞。余正擬詳報，忽友人自省至，一見便問曰：「此間有命案耶？」余曰：「君何知？」友曰：「甫入境，適從偏僻小路來，聞行人竊竊語曰：『誰謂胡太爺青天？殺死張家女正兇尚安然無恙耶！』」余拍案驚曰：「果不出吾所料也。」

即日提上金四再三窮詰，並與以開導之語曰：「本縣看爾斷非殺人之人，縱爾殺人，必定有加功③者。丈夫因姦殺妻無罪；旁人聽從本夫加功，罪也有差。本縣今日已訪得其人矣，爾可實言，不言吃罪不起。」金四乃供出鄰居初泳全幫同獲姦，起意將張氏殺死：「小人念其激於義忿，肯替朋友出力，以故獨認投首，不忍罪加於彼屬實。」余曰：「天下豈有真幫他人殺妻者！爾等鄉曲徒④受人愚耳！」

① 信指誠信、符合事實；獄指訟案。信獄即指偵查後案情明朗，可做出正確判決的訟案。
② 棺埋指入斂於棺木中埋葬。
③ 加功即加工。〔漢〕班固《白虎通・五行》：「金木者不能自成，故須人加功，以為人用。」本文加功指助人犯罪。
④ 鄉曲指偏僻的村野。《荀子・非相》：「今世俗之亂君，鄉曲之儇子，莫不美麗姚冶。」《北齊書・文襄帝紀》：「僕鄉曲布衣，本乖藝用，出身為國，綿歷二紀。」〔清〕錢泳《履園叢話・惡俗・出會》：「城市之民，俱有其業；鄉曲之民，各有其事。」鄉曲徒意即鄉下無見識之人。

人命重案，非姦即盜，男子殺婦人因姦者多，初泳全與張氏或者其不免①乎？且余前日驗勘之時，見其語言鋒利，目光肆動，知非好人，即密提高法科盤問：「張氏與爾通姦，此外尚有人乎？」曰：「先前有人。小人去，即便斷絕，確不知為何人也。」余曰：「無疑矣。」

惟時初永全已經釋回，連夜籤拘②到案。初泳全自以為自身題外，挺然不撓，余即喝問曰：「好個借刀殺人，初泳全尚裝做憒憒③耶！」初泳全曰：「有何證？」余曰：「在先爾證人，此刻人證爾。爾殺張氏有金四為證，姦張氏有高法科為證。活口現在，爾有何詞？」初泳全始以為金四不知姦情，才肯挺身獨認，今到水落石出，金四肯輕饒我耶？不若擔承，省受刑苦，爰遂俯首畫供，即日詳報定案。

---

① 此指不免與張氏有姦。

② 籤即箋，為古時官府交由差役拘人到案的憑證；籤拘指發籤拘人。

③ 憒憒即糊塗貌。〔漢〕班固〈詠史〉詩：「百男何憒憒，不如一緹縈！」〔南朝宋〕劉義慶《世說新語・政事》：「（王導）自歎曰：『人言我憒憒，後人當思此憒憒。』」〔清〕紀昀《閱微草堂筆記・灤陽消夏錄二》：「人命至重，神奈何遣憒憒之鬼，致有誤拘。」

【原文語譯】

我剛擔任博平縣令時，金家莊的金四殺了妻子前來自首。我看他是一位瘦弱怕事的少年，年紀才十七歲。問他為何要殺妻子，金四回答道：「小的娶張鳳儀十五歲之女為妻，結婚二年多。今年九月十三日發現張氏和鄰居高法科有私情，被小的撞見，家父金管認為這件事太丟臉，叫我不要張揚。但小的實在氣不過，就在十九日晚上將張氏給殺死。」

我在金四自首當天就帶領驗屍官親自到場勘驗，死者張氏全身都是刀傷，看樣子是一時氣忿殺人的兇殺案沒錯。但為什麼金四自首時，看他情緒很沮喪，一點兒都不兇悍？而且知道妻子的姦情，過了五天才想到要殺人，下手又如此殘忍，殺人這件事和金四這個人根本很難聯想到一塊兒。我就跟金管說：「你的媳婦張氏恐怕不是被你兒子殺死的。」金管回道：「媳婦確實是死在我兒子手下。如果是他人殺死的，我兒子怎麼可能聽殺妻兇手的話去自首？媳婦的爸爸張鳳儀怎麼也肯不追究？」身為目擊證人的鄰居初泳全馬上插嘴：「縣太爺要調查殺人罪，先搞清楚殺人動機的姦情。姦情屬實，那金四因妻子通姦而殺人這件事就沒什麼好懷疑的了。」旁聽的民眾喋喋不休，我一時竟還難以反駁。

先說高法科和張氏的通姦罪，因為罪證確鑿，高法科是沒什麼好抵賴的。但張氏是否死於丈夫之手，看樣子很難判出一個確實的道理。當下只好決定：除了先下令將張氏斂屍掩埋之外，其他人再帶回衙門訊問。

對相關人等審訊了三天，都沒有人翻供。我正打算報告上級，忽然友人來拜訪我，一見面便問我說：「這裡是不是發生命案了？」我說：「你打哪知道的？」朋友回道：「我剛到貴縣，走的是偏僻小路，聽到路上行人小聲的說：『誰說胡縣令像包青天那樣明察？殺死張家女兒的真正兇手還逍遙法外！』」我驚喜的拍了桌子一下：「果然不出我所料。」

當天我馬上再從獄裡提出金四再三審問，並加以開導：「本縣令看你不像是個殺人兇手，就算是你殺人，一定有人幫你。丈夫因為妻子通姦而殺人是無罪的；旁人聽從丈夫的話幫忙殺人，罪也比較輕。本縣令已經查出是誰幫你的了，你把實話說出來，不說怕你吃不消。」金四於是供出鄰居初泳全幫忙查獲姦情，還提意要將張氏殺死：「小的想到初泳全這麼有義氣，肯替朋友出力，所以單獨來自首，不忍心初永全受到我的牽連，以上講的全都是實話。」我說：「天下那有真心幫他人殺妻子的人！你這個笨蛋，被人愚弄了都還不知道！」

出了人命的案子，殺人動機不是有姦情存在就是和盜取錢財有關，男子殺婦人，很多都是出於姦情，初泳全與張氏或者也曾通姦？我前日前往驗勘時，見到初永全這個人很會講話，言談間目光飄移，應該不是個好東西，於是我私底下將高法科從獄裡提出盤問：「張氏和你通姦之前，還有和其他人來往嗎？」高法科回道：「先前是有一人。但小的和張氏交往後，張氏便和這個人斷絕關係，小的實在不知道這個人是誰。」我說：「問題都搞清楚了。」

可是當時初永全已經被釋放回家，於是趕快連夜將他拘提到案。初泳全自以為可以置身事外，態度很高傲，我馬上大聲喝問：「好個借刀殺人，初泳全你還在裝傻！」初泳全說：「證據何在？」我說：「先前你當證人證明金四殺人，現在有人證可以證明你的罪行。你殺張氏這件事有金四為證，你和張氏通姦有高法科為證。這些人證都還活得好好的，你還有什麼話好說？」初泳全一開始以為金四不知道他和張氏通姦，才肯挺身揹黑鍋，今日水落石出，金四怎麼肯輕易放過我？不如早早認罪，省去皮肉之苦，隨即初永全就認罪畫押，這案子調查詳實後就完結上報。

【現場鑑識與法醫學分析】

本案例最主要的意義乃在於本案件係古代結合刑事偵查、現場鑑識以及法醫相驗而破案之重要案例。當中牽涉到相關當事人微妙的心理變化以及其與執法人員（縣令）鬥智的過程。執法人員應用不同領域的技術，成功破案，整個過程與現代冒名頂替等案件的偵辦經過相類似，峰迴路轉，令人拍案叫絕。

經歸納，本案例有幾個值得注意之處：

一、投案自首者之反應顯有異常：本案例記載：「何以金四投首之時，情詞沮喪，無兇悍之氣？」衝動殺人者多半為仇殺或情殺，非屬預謀故意殺人的典型形式，它是具有減輕刑罰情節的故意殺人行為。按照心理學的分析，行為人在處於衝動的心理狀況下，其控制自己的能力有所減弱，而且這種衝動若屬於正常的衝動，所以立法一般減免其處罰。仇殺案件，嫌犯與死者之間可能存有極大仇恨或怨恨之氣，衝動殺人者可能於殺人自首後，尚仍存有極大怨氣，使得眼神充滿殺氣；情殺案件，雖為殺人者當下極為憤怒，但自首時恢復神智，會出現極端後悔和懷念情人的情緒，甚或有自殘欲同歸於盡的行為出現。但本案例中的金四自首後，似無「一時氣忿殺死之情狀」，也不是撞見姦情後，盛怒之下立即殺人，而係「問姦五日而殺心始熾，又極如是之殘忍」，顯與一時氣憤殺人不符，反而類似預謀殺人。其中即存在了很大的矛盾。又一般預謀殺人，通常達成目的後殺人者即會住手，此又與本案例死者「遍體刃傷」之情況不符，顯然金四的供詞另有隱情。

二、本案亟欲主導案情之當事人者，存有較大犯罪嫌疑：本案例真正兇手初永一開始即插口：「太爺要問殺，先問姦。姦情實，金四殺姦無疑耳」，似有亟欲指導與誤導偵辦方向之嫌，因而引起縣令的懷疑。今日在刑案現場，也常遇到熱心提供線索之民眾，然而這些民眾所提供的線索必須初步分類；若為提供線索者顯係與本案無任何關聯的旁觀者，則所言較具可靠性；而若提供線索者為案件的重要關係人，甚或潛在的涉嫌人，且於一開始言行過於反常，所提供的內容也並非公眾所知的訊息時，則其大有嫌疑。

三、犯罪情報之收集：當案情陷入膠著，相關犯罪資訊的收集，對於釐清偵查方向有極大幫助。本案轉折點之一為縣令友人到訪，提供他路上的聽聞所見：「正兇尚安然無恙。」顯係除官衙外，一般民眾均瞭解到案情並不單純。對於偵辦人員而言，這些訊息均為重要的線索，但部分民眾基於自掃門前雪之心態，為免於捲入是非，或是想避免在公堂之上與兇嫌針鋒相對，面對執法人員詢問時，可能會有所保留；反倒是與親友故舊閒聊時，因心理上較無戒心，便輕易的將相關犯罪情報和盤托出而流傳。所以現今警方在經由審核後，可選用「諮詢對象」，透過第三人，廣泛收集相關犯罪情報以協助社會治安工作。另外，本案件中，先將初泳全飭回，或許是基於辦案需要的「欲擒故縱」；稍後再從相關犯罪情報加以佐證其所言真實性，例如在本案的作法，可以瞭解初泳全案發時的行蹤、有無他人可以加以證明其不在場等，以上均是可採取的犯罪情報蒐集及分析作為。

四、分析關係利害，讓當事人瞭解法律刑責：「借刀殺人」，除了自己直接參與犯罪後，直接將過錯轉嫁到未參與犯罪的他人承擔外，另一種態樣態為「教唆」，也就是唆使他人犯罪，自己逃避刑責。第一種狀況下，被轉嫁罪責的當事人可能不知道真正的嫌犯是何人；但在第二種情況，則當事人多數清楚明瞭何人為真正的幕後主使者。遇此可透過訊問手段，對意圖全盤頂罪者，告知真正的利害關係，即有突破案情的可能。本案例縣令即掌握此訊問要領，先稱讚當事人本性不壞，若有犯罪，可能也不得已苦衷，先曰：「本縣看爾斷非殺人之人」，再告知罪責差異：「不言吃罪不起」，最後責備頂罪的金四愚笨至極，遭人利用而不自知：

「天下豈有真幫他人殺妻者！爾等鄉曲徒受人愚耳！」最終誘出口供，順利破案①。

五、犯罪現場調查，為全面性的觀察、判斷與採證：依現今內政部警政署頒定的《警察偵查犯罪手冊》規定，現場應依任務需要，將現有人員（擔任警戒任務者外）區分為調查組及勘察組，人力不足時應請求支援。其中勘查組負責現場勘查採證工作，調查組由刑警大隊長、偵查隊長或資深之偵查人員擔任組長，率同所屬人員負責現場及鄰近地區之調查、訪問、觀察、搜查，並作記錄。本案例中，當時調查人員即有此概念，抵達現場除進行相驗工作外，並對相關人等做初步觀察紀錄，因此有針對涉嫌人初泳全「見其語言鋒利，目光肆動」等記載。可見他們當下已鉅細靡遺地完成犯罪現場的調查工作。

①現今社會中，對於身心尚未完全成熟而遭成年人利用的少年犯而言，此舉更具有效果。尤其未成年人可能受到外在錯誤資訊誤導，認為承擔罪責，可以提升未自己未來在黑幫中的地位，獲得更多利益與尊重等，殊不知自己完全被他人所利用。對於此類遭利用者，執法人員更應努力追查幕後黑手，避免讓真正犯罪者逍遙法外。此外，有時尚有社會邊緣人，收受一定金額作為代價後出面頂替犯罪的情況。這些人士多屬於社會弱勢族群，若因此遭利用頂罪，司法威信豈不蕩然無存？遇此亦當對其分析利害，讓當事人協助警方找出真正的主謀者。

六、以常理心判斷是否合乎常理：除了少數特殊的犯罪現場外，大部分的犯罪現場及犯罪過程均符合一般人的正常習性，例如嫌犯會想逃避追查、滅證，犯罪有相關動機、會想以出力最小的方式獲得最大的利益等。本案例假如不是洩恨或基於利益的出發點，金四只要殺死其妻即達到目的，不須用遍體砍殺的方式殺妻。況且在民風純樸之古代鄉下，女性屬於「妨害家庭」法律觀念中的弱勢族群，金四發現其妻紅杏出牆的行為，尚可透過家族力量討回顏面，無須以此激烈手段發洩。凡此種種，均顯示金四殺妻後自首有違常情。當然本案亦可透過驗屍程序，分析死者傷勢是否具有殘虐特徵：預謀殺人的情況，死者外傷傷勢部位多會集中多分佈在重要器官——如頭部及上半身；但如果是情殺或一時忿而殺人，雖然重手之下容易造成臟器外露，死者身上應多只見為洩憤而下手的無意義傷害，這些傷害也大都分佈在臉、四肢等不致命處。今日尚可透過醫生的專業診斷，判定嫌犯是否具有精神方面疾病、容易因外在影響而衝動殺人（排除其預謀殺人的可能），此均為可以採取的分析嫌犯犯罪動機的方法。

七、檢驗當事人傷口及隔離詢問行兇過程，是否與現場重建相符：今日現場鑑識與法醫作為，尚可檢視嫌疑人金四與初泳全手部之傷口，看是否有可疑的刀痕或抓痕。按理，除非使用經過特殊設計之刀刃，例如有血溝槽、護手、防滑握把等刀具，否則大力亂砍之下，嫌犯自己受傷機率極高，因此透過檢視嫌疑人手部可疑傷口亦可大略知道案件發生經過。另外，由於金四先獨自承認殺死其妻，尚可先將金四與他人分開，隔離詢問作案過程，再對照現場相關跡證，例如行行經路線、行兇位置等等。若有其他共犯或金四冒頂犯行，則其所言將無法與現場所見相符。

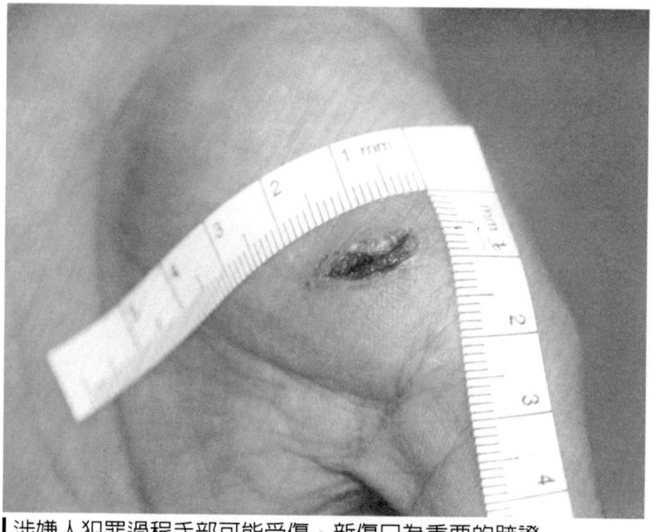

涉嫌人犯罪過程手部可能受傷，新傷口為重要的跡證

▍嫌犯以假人模擬作案過程，瞭解供述正確性

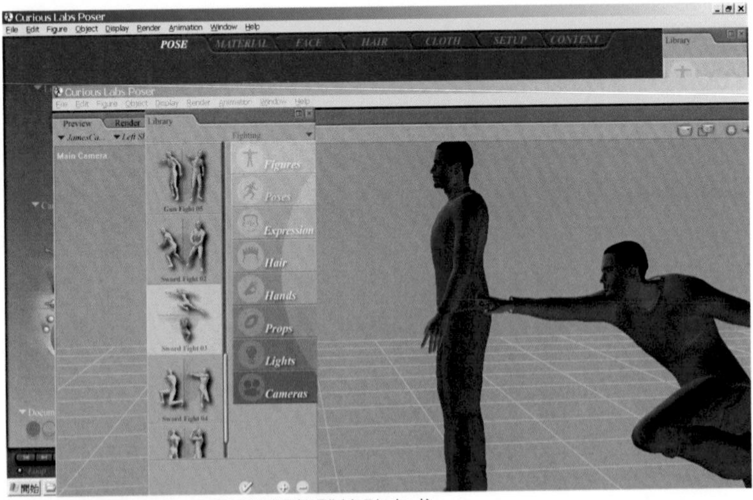

▍現代現場重建亦可透過模擬軟體協助完成

【今日相關參考案例】

〔**大陸某報訊**〕在溫州永嘉務工的劉男已有一雙女兒，卻仍對膝下無子感到遺憾。在與姘頭蕭女的關係破裂後，劉男假裝到姘頭家中串門子，卻趁著夫妻倆沒留神，偷偷抱走了本夫黃男與蕭女兩人所生十四個月大的兒子。

沒過多久，黃男收到劉男寄來的一封信，信中寫到自己的所作所為全部都是受蕭女指使，黃男企圖以此舉將誘拐黃童的罪責全推給蕭女。十一年後，劉男終於被警方抓獲歸案，黃男的兒子也在劉某家中被找到，當初的嬰兒如今已是一名十二歲的少年。據悉，劉男在逃回貴陽後，不僅將孩子改成劉姓代為撫養，還對家人稱是自己的私生子。目前，這名少年已經和親生父母團聚。

〔**臺灣某報訊**〕新竹科學園區力晶科技作業員高女懷疑「女友」羅女在外搞「小三」，在兩人同居的套房內激烈爭吵後，憤而持水果刀瘋狂殺人；法醫昨晚相驗發現羅女身中一百餘刀，致命傷為氣管及大動脈被切斷，全身赤裸倒在血泊中。

警方調查，已婚且有小孩的羅女和本夫處於分居狀態，與同事高女同居八個多月。高女懷疑羅女在外與其他人交往。高女趁羅女洗澡時檢查羅女的手機，發現內有曖昧簡訊。矮小的高女拿水果刀衝進浴室動手攻擊，但不敵身材較高的羅女，此時羅女還請求原諒，不料情緒失控的高女，接著從冰箱取出另一把水果刀瘋狂砍殺羅女。殺人之後高女還打電話給羅女本夫說：「她以前背叛你，現在背叛我，我已經把她殺了！」接著打電話給傳簡訊的小四說：「我把她殺了！」

寶山消防隊趕到現場，發現倒在血泊中的羅女全身滿是刀傷，左頸氣管及大動脈被切斷，應是致命傷；右腹被刺有臟器流出，背部二刀更深可見骨，送到新竹市馬偕醫院前已無生命跡象。高女警訊時很冷靜，說到羅女丈夫知道兩人的關係，詳述不滿羅女在外偷情及行兇過程；並供稱她沒有預謀，純粹是情緒無法控制，願意接受法律制裁。

〔臺灣某報訊〕草藥師黃男向北市一名包租婆牛女借五百萬元炒股失利，不滿被催繳約定的每月四十萬元利息，自行策畫「超完美謀殺案」，他到牛女住處誘騙她喝下摻有FM2毒品及安眠藥的酒，迷昏牛女後亮刀猛力刺頸奪命，再用牛女的手指沾血在一旁抱枕寫下「陳」字，企圖嫁禍給牛女的陳姓前男友。檢方斥責他泯滅天良，昨依殺人等罪起訴，請求法院重判。

檢方查出，五十六歲的草藥師黃男向五十三歲的牛女借五百萬元炒股失利，難以負擔承諾的每月四十萬元利息，屢次磋商都被拒絕，心生不滿。某日下午，牛女又打電話催他還錢，黃男起殺機，備妥毒品ＦＭ２、安眠藥及酒精性飲料，晚間趕到牛女住處赴約。

檢方認定，黃男將ＦＭ２、安眠藥偷偷摻在食物及酒中，牛女食用後不省人事倒臥床上，黃男拿出大型美工刀割頸放血奪命，接著用牛女右手指沾血，在抱枕上寫下「陳」字，嫁禍給牛女的陳姓前男友。

離去後黃男還擔心她沒死，又換穿黃色雨衣回到她住處按門鈴確認沒人應門，返家後並刻意打電話到牛女手機，製造他也找不到牛女的不在場證明。

警方一度被誤導，找上牛女的陳姓前男友，黃男還作證痛批陳男對牛女很差，但警方過濾監視器畫面後，查出黃男才是牛女生前最後進出她住處的人，涉嫌重大。黃男見計謀失敗，痛哭後坦承犯案，供稱牛女當時自行服安眠藥熟睡，他拿刀子抵在對方頸部想輕輕劃下，牛女突然清醒掙扎，才不慎殺死她。

但鑑定報告出爐後，檢察官侯靜雯發現黃男之前的懺淚供詞是假的，牛女胃部殘留有ＦＭ２、安眠藥及酒精飲料，檢方查明，牛女因長期洗腎，十分注意健康，不太可能吃毒品ＦＭ２又混合安眠藥還喝酒，且黃男供稱在死者家中一個多小時，但牛宅卻沒半個黃男指紋，且所謂的「不慎殺死她」，其實是猛力深入的割頸三刀。昨依殺人等罪起訴黃男，請求法院重判。

金之部·之四·蠅集兇刀

【案情提要】

本文選自〔明〕《益智篇》①，命案發生時地不詳。調查案件的官員發現死者財物俱在而身上遭砍殺的傷痕實多，因而推論是仇殺。經詢問死者家屬，得知死者僅近日與某甲有借貸糾紛而已。於是集合附近居民家中鐮刀於一處，透過血腥之氣會吸引蒼蠅的原理，找出了沾到死者血液但被洗去血跡的鐮刀，尋線追得鐮刀主人正是向死者借貸不成的某甲。

---

①《益智編》由〔明〕孫能傳所編，《益智編》初刻於萬曆四十一年，入《四庫全書》存目，至清末藏刻已片板無存。光緒十七年，孫氏子孫根據家藏本再次翻刻，並由著名學者俞樾題簽。本書所據校譯，即以光緒年間翻刻本為底本，參照其他版本，並對校於相關史書。《益智編》全書四十一卷，按前後順序分為帝王、宮掖、政事、職官、財賦、兵戎、刑獄、說詞、人事、邊塞、工作、雜俎等共計十二類。孫能傳主要擇取治國安邦、平叛定亂等經世實用的事例，列入各類之中。

【案件紀錄】

有被殺於路者，始疑盜殺之，及檢，沿身衣物在，遍身鐮刀傷十餘處，檢官曰：「盜但欲人死取物，今物在傷多，非冤仇而何？」遂摒左右，呼其妻問曰：「汝夫與何人有仇最深？」曰：「夫自來與人無仇。近有某甲來做債①不得，曾有剋期②之言，非深仇也。」

官默識其居，遣人告示側近居民，所有鐮刀盡將呈驗，如有隱藏，必是殺人賊。俄賫③到鐮刀七、八十張④，令列於地。時方盛暑，內刀一張蠅子飛集。官指此刀，問為誰

---

① 債即借貸。《管子・問》：「邑之貧人債而食者幾何家？」尹知章注：「債而食，謂從富者出息以供食。」做債即向之借貸。

② 剋期原指設下期限。《後漢書・鍾離意傳》：「意遂於道解徒桎梏，恣所欲過，與剋期，俱至，無或違者。」《南史・宋紀上》：「帝剋期至都，而每淹留不進。」〔唐〕白居易〈題裴晉公女几山刻石詩後〉詩序：「裴侍中晉公出討淮西時，過女幾山下，刻石題詩，末句云：『待平賊壘報天子，莫指仙山示武夫。』果如所言，剋期平賊。」這裡指詛咒對方壽命有限。

③ 賫即資，指積聚。《國語・越語上》：「臣聞之賈人，夏則資皮，冬則資絺，旱則資舟，水則資車，以待乏也。」《史記・魏公子列傳》：「嬴聞如姬父為人所殺，如姬資之三年，自王以下欲求報其父仇，莫能得。」司馬貞索隱：「資者，畜也。謂欲為父復讎之資畜於心已得三年矣。」〔宋〕楊億〈受詔修書述懷感事三十韻〉：「紬繹資金匱，規模出玉除。」

④ 張為量詞。《左傳・昭公十三年》：「子產以幄幕九張行。」〔唐〕呂岩〈七言〉詩：「除此更無餘箇事，一壺村酒一

者，乃是做債剋期之人，擒訊猶不服，官曰：「眾人鐮刀無蠅子，今汝殺人，腥氣猶在，蠅子集聚，豈可隱耶？」左右失聲嘆服，殺人者叩頭服罪。

【原文語譯】

有人被殺死在路上，官府一開始懷疑是強盜殺人，等到驗屍完畢，發現身上的財物都還在，但死者全身卻被鐮刀殺了十幾刀。負責調查的官員說：「強盜殺人是為了搶東西，今天人死了東西卻還在，死者還被砍了這麼多刀，不是和死者有深仇大恨的人下手的，那又該是誰幹的？」於是官員將左右隨從斥退，叫來死者妻子詢問：「你老公和誰結了大樑子呢？」妻子回道：「我老公向來和人無冤無仇，只是最近某甲來向他借錢不成，曾經講了咒我老公快點死的氣話，這也不是什麼深仇大恨。」

官員偷偷的把某甲家記起來，再叫手下告訴住那附近的老百姓，把家中所有鐮刀全都拿來受檢，如果偷偷藏刀不交出來，那便是做賊心虛了。沒多久就在當地收集到七、

張琴。」〔元〕王實甫《西廂記・第五本第二摺》：「這上面若簽個押字，使個令史，差個勾使，只是一張忙不及印赴期的啟示。」〔清〕李漁《奈何天・狡脫》：「他那張嘴，是翻來覆去，沒有定準的。」

八十支鐮刀，官員叫手下把這些鐮刀整齊排列在地上。當時是大熱天，其中一張鐮刀上聚集了好多蒼蠅。官員指著這把刀，問誰是它的主人，問出它正屬於那個借錢不成、出口咒人的某甲所有，隨即將某甲拿下訊問，某甲仍然不服氣，官員說：「大家的鐮刀都吸引不了蒼蠅，今天你殺了人，刀上的腥氣還在，所以蒼蠅才聚集在你的刀上，你還能再繼續隱瞞下去嗎？」左右手下一聽都十分佩服這樣的推理，殺人兇手一聽也就馬上叩頭認罪了。

【現場鑑識與法醫學分析】

雖說古人辦案得不到現代鑑識科學的支持〔透過各種儀器分析，將血滴等微物跡證加以類化（characteristic）及個化（individuals），例如透過檢測鐮刀上血跡殘留反應，或是進一步分析鐮刀上血液的ＤＮＡ型別〕，但他們懂得透過仔細觀察，得知血液微物跡證可能吸引蒼蠅的特性，因此常常藉由蒼蠅的協助而破案。此舉已隱涵了現代鑑識科學中利用微物跡證（trace evidence）破案的道理。

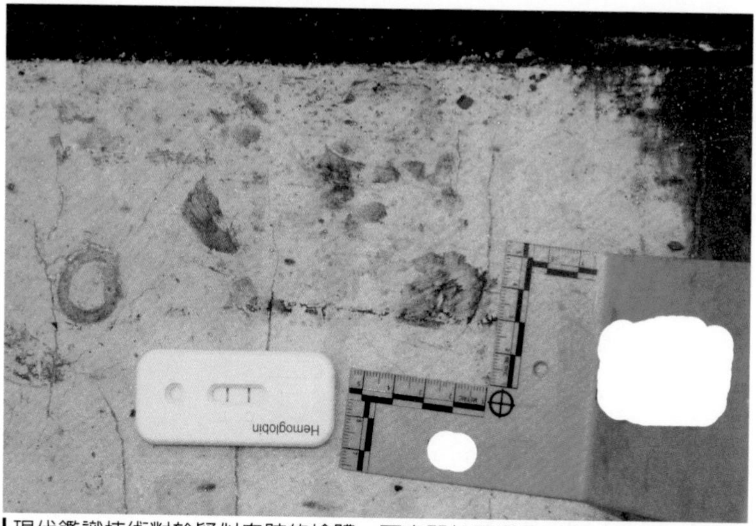

▎現代鑑識技術對於疑似血跡的檢體，可立即於現場用免疫試驗法加以測試

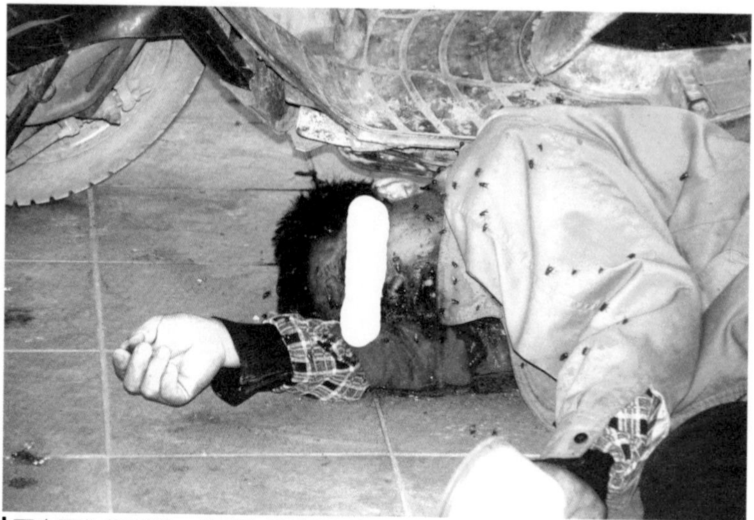

▎死亡不久的屍體，吸引許多蒼蠅聚集

蠅類為昆蟲綱，其下有雙翅目，環裂亞目等，成蠅的體長介於五至一二毫米，因種類各異，有體呈灰、黑、暗褐等色，或是帶有金屬光澤者。全身有棕毛，口器為舐吸式。蠅類生活環境與生存種類和天氣溫濕度有關，夏季生長史最為快速，蠅類滋生地通常以腐敗物質為其活動地，比方說動物屍體、糞便、果肉等等，這些腐敗物質除了是蒼蠅的食物來源，也是蒼蠅繁衍後代的重要養分，因此許多蠅類可以在一公里外就聞到食物，有的種類甚至能嗅到四十公里以外的食物來源。蒼蠅嗅覺靈敏程度遠高於人類，如同現代利用警犬嗅聞毒品或是縱火物一樣，自然界生物的天生靈敏嗅覺，常協助人類偵破許多案件。

刀具種類繁多，因此刀傷種類較槍傷而言要更難研判，但本案調查官員憑著豐富經驗，驗出本案死屍應命喪鐮刀一類農具之下，如此精確判斷出刀痕種類，實為本案重要破案關鍵之一。鐮刀用來除草，正常使用的情況下並不會沾上血跡。於是調查官員遂集合兇案發生現場附近居民所擁有之鐮刀。兇手當然在行兇之後會將兇刀洗濯，不過殘存其上的人類血液味道不易去除。調查官員便利用蒼蠅敏銳的「嗅覺」（蒼蠅並無鼻子，只有嗅覺器官），判斷出沾有血液的不尋常鐮刀，並尋線逮捕了兇手。

類似利用蠅的靈敏嗅覺以用來破案的紀錄，早見〔宋〕《折獄龜鑑》：

韓滉在潤州，宴於萬歲樓，忽聞哭聲，懼而不哀。問左右在何所，對曰：「在某街。」即命捕之，乃婦喪夫也。信宿獄不成，吏懼，守於屍側。有青蠅集其首，因髮髻視之，腦有大釘。果婦私於鄰人，醉其夫而釘殺之也①。

〔清〕《折獄龜鑑補》亦記載有一相關案例：

有行商被盜殺死，不得兇手。邑令嚴比捕役，務在必獲。諸捕不得已，公聘一退役老捕緝訪。一日坐河邊茶社，見河中一舟過，老捕曰：「盜在是矣，速捕無失。」既而堂訊，果然。諸役不解其故，老捕曰：「吾見舟尾曝一新浣紬被，青繩群集。凡人之血跡雖浣去，而腥氣終不能除。蠅之集也如是之多，非殺人之血安得如此？且舟子縱富，不用紬被。紬面不另拆去，連布裡一同洗濯，其為盜之明證，一望可知。」諸役齊拜服。

① 該案例先是利用心理觀察方式，判斷「懼而不哀」哭聲代表有人死亡，但相關人員不但悲傷，反而恐懼，此與一般人喪失親人而心中至痛的情況有異，其中必有隱情；察覺此一異狀的官員再利用蒼蠅協助尋找血跡微物跡證的位置，方使死者沉冤得雪。

除了利用蠅的嗅覺，由於會飛的蒼蠅通常是第一個趕到陳屍現場的生物——比螞蟻用爬的還稍快，所以利用屍體上的蠅所留下的線索，也能判斷死者的死亡時間：

死亡時間	現象
死者死亡三十分鐘內	蠅集於屍體並於孔竅處或傷口處產卵（有傷痕時，產卵部位較為集中在傷口部位）
死者死亡二十四小時內	蛆孵化後消化屍體軟組織，留下灰白色小圓洞
死者死亡三四天內	皮膚遭蛆食盡
死者死亡，在夏日四五日內	蛆鑽地成蛹
死者死亡，在春秋約二週內	
死者死亡，在夏日四五日＋一週內	蛹破為蠅
死者死亡，在春秋二週＋四週內	
死者死亡，在三四週（嬰兒為一週）	屍體遭食盡，僅剩骨骼

較蒼蠅稍晚趕到現場的螞蟻，約能在人死亡一到二個月內與蛆一起將人肉食盡。螞蟻除了喜愛啃食皮膚軟嫩部位外，也愛啃食屍體的索溝、勒痕及傷口。螞蟻在屍體上的聚集狀態，與蒼蠅產卵一樣，通常也標示出死者的受傷部位所在①。

① 另外，在昆蟲啃食狀況下，屍體幾星期後便會呈現白骨化狀態（skeletalization），因此昆蟲啃食的狀態，亦有助於現場

從以上提到的幾個案例可以知道，古代與微物跡證有關的觀念已經慢慢形成。根據路卡交換原理（Locard Exchange Principle），凡兩種物體接觸時，必會有物質交換產生。因此就本案例而言：

一、就算嫌犯將兇刀或贓物清洗得再仔細，只要沾過死者的鮮血，仍有事跡敗露的一天。

二、就算嫌犯將相關做案工具全部丟棄，根據路卡原理原理，犯罪者仍會在現場遺留下相關跡證；身上也會有現場的相關跡證。

勘查人員估計死亡時間（postomorteminterval,PMI）。不過由於目前國內各地資料的統整及資料庫建置尚未完成，故昆蟲啃食程度僅能做為推斷死亡時間的一部分參考依據。

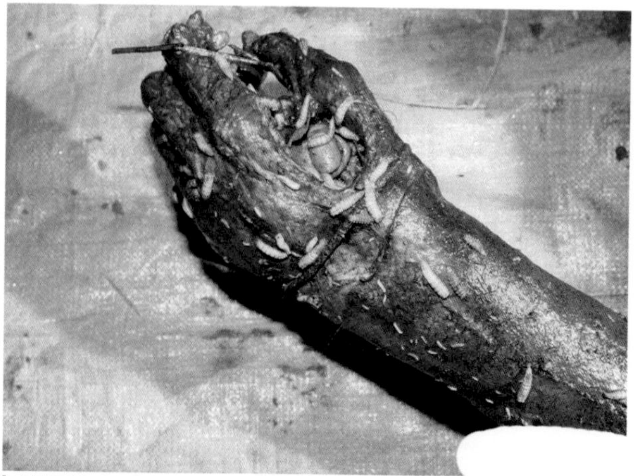

蒼蠅幼蟲聚集於手部傷口處，此處啃食情況亦較為嚴重

不論古今，想要利用滅證手法來逃避追查，終是徒勞無功。

【今日相關參考案例】

【大陸某報訊】八一鄉胡華村地段撫河支流渡口沙洲上，被人發現一個用蛇皮編織袋包裹的像人屍的物件。公安局接到報案後到達現場，確定是一具屍體。

發現腐屍當天晚上，閔警官帶著市縣兩級公安機關的法醫們來到現場。他們剪開裝屍體的蛇皮編織袋，發現屍體已高度腐敗，全身體表表皮分離脫落。閔警官和其他法醫從腐屍上找出了十多條蠅蛆，從這十多條蠅蛆的成長情況，法醫們判斷出死者的死亡時間是在三天前。

在刑警們調查附近失蹤人口資料後，很快的找到了兇嫌並逮捕歸案。原來兇嫌是死者的丈夫，由於懷疑妻子不忠，在三天前與妻子發生衝突，不慎將妻子的頭推向鐵床，妻子當場死亡。於是他拋屍於蓮塘排漬渠內，屍體便順著水勢漂流到撫河支流渡口沙洲上後被人發現。

【美國某報訊】美國南卡羅來納州鄧馬克市郊區，有人向警方報案稱，在路過一所房子附近時，聞到一種令人作嘔的氣味，味道似乎是從房屋後面飄來的，隨即要求警方前來調查，最好趕快把「怪味」驅除。

當調查人員在房子周圍搜尋後，並未發現臭氣來源。於是開始懷疑到房屋內，果然調查人員在房屋下面發現一具屍體，此時屍體已經高度腐敗，上面爬滿了蠅蛆。警方請來法醫昆蟲學家參與案子的調查研究。

昆蟲學家搜集了屍體上的蠅蛆和蛹，培養後確定了這些蠅的種類。隨後，警方又從氣象局調集了發現屍體一段時間內的氣象資料。根據在培養皿中蛆羽化為成蟲所需十四至十五天的時間來判斷，確定了死者被殺害的時間。在進一步的調查走訪中，警方瞭解到死者死亡當天曾有人來訪。

警方在查找受害人通聯資料的過程中，篩選出一個令人生疑的電話號碼。該號碼的主人詹森雖然與死者生前來往不多，但他和死者老婆有著曖昧關係，這一點有導致情殺的可能。被傳訊後，詹森說不清自己在那兩天的活動，而且沒人能證明他在死者死亡當下午的去向，而且在同一個時間段內，他的電話號碼又出現在了死者的通話記錄中。

隨後在進一步的證據調查中，詹森所持槍支的型號和死者身上發現的槍傷完全一致，一切證據都已明確指向詹森。隨後，他承認了自己的殺人罪行。

〔美國某報訊〕美國馬里蘭州的一個郊區農場，有人發現了一具衣著完整的青年女屍。警方在現場發現，這具屍體已經中度腐敗，空氣中充滿著惡臭，屍體上蠅蛆四布。現場勘查後，警方發現屍體上的蛆蟲分佈很有特點：在女子屍體的胸部和頸部以及雙手手心都有大量蛆蟲存在，警方初步將死者死亡原因解釋為藥物過量所致。

然而，在查詢到死者真實身份後，他們發現死者根本不可能死於藥物過量。這位年輕婦女平時不吸煙不吸毒，也沒有需要藥物維持的疾病，案子可能另有隱情。

警方鑑識專家重新查看了勘察記錄和現場照片，屍體上分佈特異的蛆蟲讓他們重新找到了疑點。為什麼蛆蟲分佈不是在身體的體竅部位而大部分在身體的胸部和頸部？鑑識專家很快得出了結論，死者胸部和頸部以及雙手之處，必定有傷口。但偵查人員在做現場勘察時，傷口附近的皮肉基本全都腐敗，無法從外觀看出傷口的存在，所以才做出非外傷死亡的結論。

隨後警方重新開棺驗屍，結果發現在屍體蠅蛆集中的部位，果然都有戳傷痕跡，這充分證明死者是被人謀殺導致死亡。事後的調查完全證實了昆蟲學家的判斷，兇手與死者因為在感情上有糾紛，在爭吵之中將死者殺死，並將屍體穿好衣服後丟棄。

水之部

水之部・之一・身中魨毒

【案情提要】

本文選自〔清〕《重刊補注洗冤錄集證》，為發生時地不名的食物中毒命案。某夫烹煮河魨招待友人，友人因故不食，某夫因而饗妻。不料其妻食用後口鼻流血而亡。除了魨毒，由於本文記載其妻晨間曾服藥，這也指出她可能有長期服藥的習慣，或許造成了她身體代謝毒物的功能低下，對魨毒更無抵抗能力，從而加速了她的死亡。

【案件紀錄】

昔有人招友晨餐者，烹河魨①為饌，友以故不食。遺饗妻，妻方平明②服藥，不以為慮，啜③之甚美，即時口鼻流血而絕。

【原文語譯】

以前有個人叫朋友來吃早餐，煮了河豚要請朋友吃，朋友藉故推托不吃。那人只好把煮好的魚留給妻子吃。妻子早上剛喝了中藥，也沒特別留意，吃河豚的當下還誇說好吃，沒想到不一會兒馬上就口鼻流血，斷氣了。

① 河魨即河豚，魚名。體圓筒形，口小，牙愈合成牙板。背部黑綠色，腹部白色，鰭紫紅色，肉味鮮美。肝臟、生殖腺及血液有劇毒，經處理後可食用。中國沿海和某些內陸河流有出產。

② 平明指天剛亮的時候。《荀子・哀公》：「君昧爽而櫛冠，平明而聽朝。」〔唐〕李白〈游太山〉詩之三：「平明登日觀，舉手開雲關。」《水滸傳・第五七回》：「平明時分，宋江守中軍人馬，隔水擂鼓吶喊搖旗。」

③ 啜為飲食貌，主要用來形容喝湯品的動作。《墨子・節用中》：「飲於土塯，啜於土形。」〔唐〕韓愈〈送窮文〉：「子飯一盂，子啜一觴。」

【現場鑑識與法醫學分析】

河豚是有毒魚類，由於河豚的肉十分鮮美，乃至民間有「拚死吃河豚」的說法。河豚的毒性主要是河豚毒素（Tetrodotoxin，簡稱TTX）引起的，它存在於魨形目的河豚內。但除了河豚之外，部分常見的海鮮，如鸚哥魚，神仙魚等，體內也都含有類似毒素。

概略來說，河豚的內臟有劇毒，其他如眼球、腦、生殖腺（卵巢、精巢）、血液、皮膚也都有毒，全身只有肉無毒。河豚毒素在高熱環境中仍然十分穩定，即使一再煮沸都無法破壞它。由於河豚種類眾多，每一種類河豚毒在組織內的分佈也不同，有些人無法仔細分辨河豚種類，食用某一種類之後沒有中毒，之後依樣畫葫蘆，用同樣之方式料理他種類河豚，大意之下反而造成中毒。

常人的神經在接受到來自外界的刺激後會觸動神經細胞膜上的鈉離子通道，使大量的鈉離子進入細胞內，造成神經電位差異，並逐漸向外擴張傳到神經末端（軸突）。在此末端有許多神經傳遞物質，細胞可將這些物質丟出細胞外，這些物質再被下一個神經細胞的樹突上的接收器給接收到，由這些接收器來產生另一個神經電位差以傳遞訊息。而河豚毒素的作用機制是抑制神經細胞的鈉離子傳遞，進而使神經傳導受阻，肌肉細胞無法作用而產生麻痺感。所以中了河豚毒後，身體各部位的肌肉會出現麻痺症狀：臨床表現有嘴唇、指尖麻木，嘔吐、失聲、飄浮感、漸進性肌肉麻痺及呼吸困難等。

中了河豚毒後，病患會全身麻痺、缺少角膜反射、瞳孔放大沒光反射反應。由於河豚毒會產生麻痺作用，所以上消化道可能出現擴張性出血，嘔吐時可能會有血和黏液一起被吐出。此與本案例死者口鼻流血的症狀相符。

日本是偏好食用魚類食材的民族，二次大戰後，由於資源匱乏，許多人因為食物不足，只好撿食廢棄的魚肉或內臟食用，其中部分為遭丟棄的河豚身體或內臟，因此造成許多動物及人類中毒死亡。由於河豚毒素極強，因此嗜愛海鮮的日本逐步發展出河豚烹煮廚師的證照制度。凡要烹煮河豚販售之店家，均須擁有該執照才可；日本目前仍屬嚴格執行該證照制度的國家之一。

本案例發生在清朝，當然沒有成熟的規範河豚料理的法律制度存在。不過中國古時已發展出料理河豚的廚師必須先於客人食用，待一段時間（相關文獻或記載「一炷香時間」）無相關症狀出現後，方能提供客人享用的配套作法。然而本案例嫌疑人及死者為教育程度低下的村夫村婦，就算料理當時仔細將內臟與皮膚切除，也可能因為錯誤的用刀觀念，使得刀具遭到河豚毒汙染而致命。

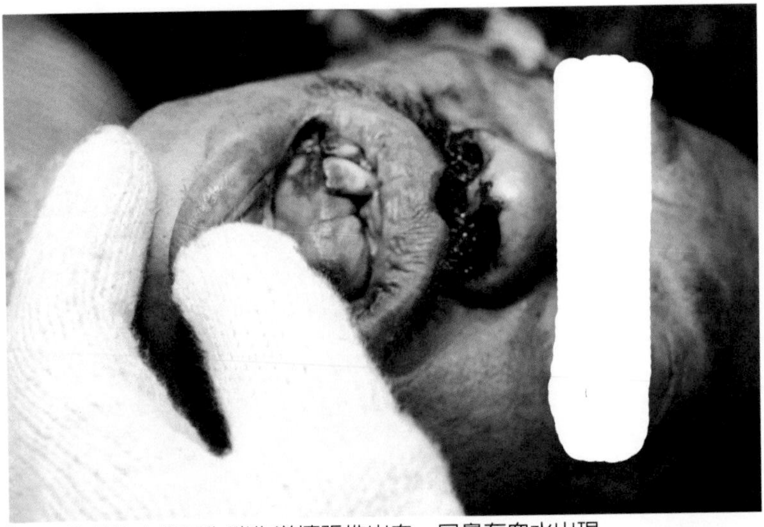

神經性藥物中毒因為消化道擴張性出血，口鼻有血水出現

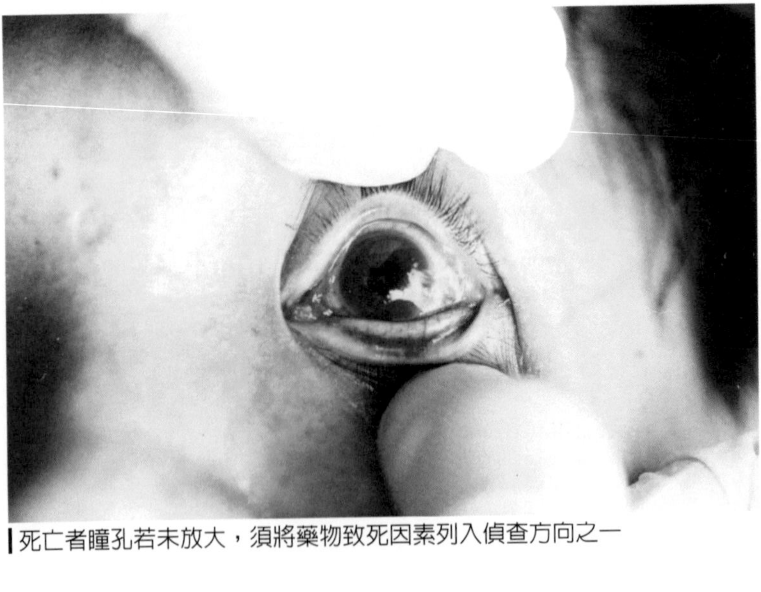

死亡者瞳孔若未放大，須將藥物致死因素列入偵查方向之一

從現代犯罪偵查觀點來看，還有許多導致本案例死者死亡的可能原因要進一步研究：

一、死者是否有定時（在凌晨時分）服用藥物的習慣？因為長期服藥的情況下，肝腎排毒功能或許受到影響而低落，遇到河豚毒更是無法倖免於難。另外死者所服藥物的成分更須進行瞭解，尤其在醫藥落後的地方，相關藥劑未經嚴格品管，可能含有重金屬成分，嚴重影響身體代謝及其他臟器功能。其中或有可能與河豚毒素產生加乘作用，導致微量毒素即可致人於死。

二、本案尚存不合常理之處。如其夫「烹河魨為饌，友以故不食，遺饗妻」，友人不食，有可能是沒有食慾或是對當事人烹煮技術不夠信任等。但按照常理，友人不食，何以其夫自己不食？是因為此其珍饈，捨不得自己食用，全數留給其妻？還是有其他更複雜因素如藉機殺妻等原因牽涉在內，承辦官員尚須就此著手，深入追究才是。

【今日相關參考案例】

〔臺灣某報訊〕高雄市梓官區三名漁民前天出海捕魚時，捕撈到一尾河豚，當場料理煮起河豚湯，疑因料理不當，食用半小時後出現嘴麻、呼吸困難等症狀，其中一人昏迷命危。醫師指出，春秋季節河豚毒性最強，最好不要擅自料理，以免中毒。

高市衛生局食品衛生科魏科長說，這三名中毒漁民送往國軍左營總醫院治療，其中一人只吃一口，覺得嘴巴麻麻的，就未再進食，症狀較輕微，已返家休養；另兩人因食用量較大，症狀嚴重住進加護病房，其中一人昨轉到普通病房。

國軍左營總醫院檢驗科主任、腎臟內科陳主治醫師說，其中一人到院時，已無心跳呼吸，搶救後昏迷指數三，生命危急。魏醫師說事後以圖鑑供中毒漁民指認，確認中毒漁民是吃到肌肉無毒、可供料理食用的白鯖河豚。

〔臺灣某報訊〕臺南市驚傳民眾食用日本料理店河豚中毒事件，共四人中毒，料理店已被勒令停業；市府衛生局今天起清查全市五十四家日本料理店，凡是未取得處理河豚證照，不得供應河豚料理。

市府衛生局指出，一對夫妻中午到中西區某日本料理店食用河豚套餐，晚間出現口舌麻痺症狀，緊急送成大醫院急救。另有八名消費者昨晚也到同一家日本料理店，分別食用河豚套餐及河豚火鍋，其中二人今天清晨出現口舌麻痺症狀，送成大醫院急救。

四名中毒者中，一人症狀輕微返家，其他三人較嚴重，住院治療觀察，但意識都清醒。衛生局表示，中毒者食用的河豚魚種是「白鯖河豚」，衛生局上午已下令這家料理店停業，待改善複查合格後才能復業。

〔臺灣某報訊〕在市場買魚竟然買到河豚，桃園有三戶人家，日前在龜山鄉中和南路向林姓魚販購買不知名魚後，回家煮成魚湯準備進補，沒想到喝下肚後出現嘴唇麻、四肢麻痺等症狀，緊急就醫後才發現原來是河豚中毒；桃園地檢署林檢察官指揮刑警大隊，將魚販帶回調查，並且查扣三十二隻上午才批來的河豚，此外仍要釐清林姓魚販是明知河豚有毒還出售，還是不知道所購買的魚類是河豚。

當警察搜索到林姓魚販所持有的河豚時，林姓魚販辯稱是向臺北漁產運銷公司所批來的，並且出示進貨單，表示自己以為那是無毒河豚才敢向客人販售。但是臺北漁產運銷公司陳總經理卻表示，昨天看到新聞即主動查證，確認在交易量較大的批發市場沒有賣河豚，自營的臺北魚市更不可能，來源不可能是臺北漁產運銷公司。

警方表示，雖然林姓魚販並非故意而是過失，但是依照法律規定，可能要面對一年以下有期徒刑。衛生局呼籲販售者販售前應告知民眾販售的魚類是否需特殊調理方式；而且不知道如何調理河豚的民眾千萬不要購買，因為河豚的毒素耐高溫，無法加熱破壞，吃了非常容易中毒。

水之部・之二・食鮮中毒

【案情提要】

本文選自〔清〕《不用刑審判書》①，為發生在明朝江西一食物中毒命案。由於死者樵夫係食用其妻所烹鱔魚後死亡，當地保長以為本案係妻子毒殺其夫的謀殺案。但因妻子堅決否認殺夫，案件久懸而不能決。張昺適任當地縣令，令漁夫廣為捕鱔，並取游水情狀特異者烹煮後使死囚進食。死囚吃完這些有問題的鱔魚，很快的都暴死了。這證明了當地河裡的部分鱔魚確實有毒，恐有害人體。根據此「實驗」也還給了樵夫之妻清白。

① 《不用刑審判書》為〔清〕魏息園所編，書成於光緒年間，共分六卷一百九十九篇，是清末重要的律學著作。《不用刑審判書》以變革用刑審判的司法傳統為主旨、宣導不用刑的速審方式，對中國古代司法經驗進行了深入而有價值的總結和探討。該書充分展示了中國傳統司法中術審理想的多元特色。魏氏生平不詳，氏另編著有《繡像古今賢女傳》。

【案件紀錄】

張昺①知鉛山縣②，有賣薪者，性嗜鱓③。一日自市歸，飢甚，妻烹鱓，恣啖④之，腹痛而死。鄰保⑤謂妻毒夫，送官拷訊，無他據，獄能不具⑥，械繫逾年。

公始至，閱其牘，疑中鱓毒。召漁者捕得數百斤，悉置甕中。有昂頭出水二、三寸

---

① 歷史上的張昺有三，一為〔明〕初將領，死於靖難之役；一為〔明〕成化八年進士，任地方官員；一為〔明〕著名書法家。本文中的鉛山縣令應是成化年間進士張昺。

② 鉛山縣位於今江西東北部、信江中游，武夷山脈北麓，是上饒市所轄的一個縣。南唐保大十一年（九五三年），析弋陽、上饒置鉛山縣，因永平西四里有鉛山，遂以山名縣。

③ 鱓即鱔，又作鱣。體呈鰻形，具暗色斑點，光滑無鱗。棲息池塘、小河、稻田的泥洞或石縫中。

④ 恣指恣意；啖即食。恣啖指放縱食慾，暴飲暴食。

⑤ 保為舊時戶籍編制單位。歷代不同。《隋書・食貨志》：「及頒新令，制人五家為保，保有長。保五為閭，閭四為族，皆有正。」《資治通鑑・唐高祖武德七年》：「百戶為里，五里為鄉，四家為鄰，四鄰為保。」《宋史・兵志六》：「十家為一保，選主戶有幹力者一人為保長。」《清史稿・食貨志一》：「世祖入關，有編置戶口牌甲之令。其法，州縣城鄉十戶立一牌長，十牌立一甲長，十甲立一保長。戶給印牌，書其姓名丁口。出則注所往，入則稽所來。」鄰保指的是住在附近的當地保長。

⑥ 具指定案具結。《史記・李斯列傳》：「二世二年七月，具斯五刑，論腰斬咸陽市。」〔宋〕孔平仲《孔氏談苑・卷一》：「獄具，各決脊杖七十。」《續資治通鑑・宋太宗太平興國六年》：「諸州大獄，長吏不親決，胥吏旁緣為姦，逮捕證左，滋蔓踰年而獄未具。」

者，數之得七，公異之。召此婦而烹焉，而出死囚與食。才下咽，便稱腹痛，俄①仆地死，婦冤遂白。

【原文語譯】

張昺擔任鉛山縣令時，有個打柴的樵夫特別愛吃鱓魚。有一天從市場做完生意回家，餓的不得了，妻子煮了鱓魚，他開開心心的吃完，沒一會兒就肚子劇痛而死。鄰近保正說是妻子毒死了丈夫。送到官府審問刑求，但一直沒有其他證據佐證，案子結不了，妻子於是被關了一年多。

張昺到任後調閱卷宗，懷疑死者是中了鱓毒。於是召來漁夫捕抓數百斤鱓魚，全放到大甕裡。其中有幾隻有把頭抬出水面二、三寸，數一數共有七隻，張昺覺得奇怪。召來樵夫妻子前來烹煮這七隻鱓魚，再把這煮好的鱓魚給死囚吃。沒想到死囚才把鱓魚吃下肚沒

①俄為時間副詞，指一段短暫的時間。《公羊傳・桓公二年》：「至乎地之與人，則不然，俄而可以為其有矣。」何休注：「俄者，謂須臾之間，製得之項也。」〔宋〕洪邁《夷堅甲志・張彥澤遁甲》：「時天色清霽，已有微暑，三人食已，散步僧舍。俄陰雲四合，雨下如注，溝壑皆盈。」《紅樓夢・第一回》：「一日，正當嗟悼之際，俄見一僧一道，遠遠而來。」

多久，就說肚子痛，很快便倒地死去了，於是樵夫之妻的冤情得到澄清。

【現場鑑識與法醫學分析】

傳統中醫流傳有食物混食相剋表，其中有「燃桑枝柴煮鱔魚有毒」、「鱔魚煮紅棗脫頭髮」的記載。可見鱔食若烹調不當，確實有可能造成中毒。

從科學的角度分析，食用鱔魚致死，可能有幾種原因：

一、許多魚類體內均有高量組氨酸（Histidine），死後在酶和細菌的作用下（食物腐敗），會很快變成組織胺（Histamine）。組織胺是一種毒性很強的物質，在腐敗的水產中很常見，它是造成食用不潔海鮮而食物中毒的常見原因之一。成人攝入組織胺一百毫克左右即可引起中毒。已產生大量組織胺的鱔魚，即使在高溫下燒煮，組織胺也不易被破壞。組織胺會促使血管擴大，所以組織胺中毒的典型症狀是面部與口腔泛紅、黏膜與眼瞼結膜充血、出現蕁麻疹、全身灼熱、身體發癢、心跳與呼吸失調、頭痛、嘔吐、下痢、發燒等。

二、烹煮不完全的鱔魚可能會帶血。黃鱔血中可能含有魚血毒素的物質，生飲黃鱔血

海鮮種類繁多，可能因品種或水源等因素造成食用者身體不適，圖為批發市場中經過篩選的海產

魚類可能因水質汙染等因素而群聚水面，圖為海港水面群聚之魚群

後，輕者會出現口腔燒灼感、口腔黏膜深紅、口中唾液分泌增多、噁心、嘔吐、腹痛、腹瀉等症狀；重者可出現感覺異常、麻痺、呼吸困難等症狀，最後因呼吸衰竭而死亡。

三、鱔魚本身可能被毒化。本案中被漁民捕獲的有毒鱔魚，若本身原本無毒，而後來卻可致命，其毒性來源可能是牠們食入環境自然形成的毒素，又或是漁民係以毒魚方式進行捕撈，而毒物殘留所致。當魚類攝食毒素含量過高時，人類再食用該魚類過量，便會破壞神經中樞，如此即有可能造成人類死亡。

本案例中的賣薪者及死囚，死亡症狀均為劇烈腹痛後死亡，與前述組織胺中毒時會出現嘔吐、下痢等症狀相同，二名死者的死因或許就是組織胺中毒導致的呼吸失調。另鉛山縣令為追求事實真相，做實驗時，命令漁夫捕得數百斤黃膳，專門挑取「有昂頭出水二、三寸者」煮食。按一般水族魚類不會無故躍出水面，除非水中含氧不足或是魚類生病。若是瀕臨病死，魚體部分臟器開始敗壞，這類魚鮮的組織胺含量便高；若是水中含氧不足，則表示水質欠佳，鱔魚確有食入環境毒素的可能。

以現代醫學角度來看，組織胺中毒後，身體通常可以正常代謝，極少有死亡之案例，又組織胺中毒症狀，跟食物過敏很類似，所以本案也有可能是該種黃膳魚品類特殊，或是體內遭到環境汙染，導致食用者組織胺中毒，同時還發生食物過敏，在這雙重因素下導致死亡。

由古自今，中毒案件本來就難以從死者外觀症狀直接判斷原因，在解剖驗屍風氣不盛行的古代，本案例縣令張昊具有實際驗證精神，值得現代人學習。但本案以死囚做實驗的方式，恐有許多道德上爭議，這同時也是現在部分刑事案件中，因無法再找人類做相同的試驗而產生鑑識證據力爭論的原因之一。

【今日相關參考案例】

〔大陸某報訊〕成都市民都喜歡煮黃瓜燒鱔魚。然而家住雙橋子立交橋附近的楊姓一家四口吃了黃瓜燒鱔魚後，卻出現了集體急性腎衰竭症狀，其中一位六十六歲的老人家更因急性腎衰竭引發多器官衰竭，於前日死亡。根據醫院說明，一家人出現急性腎衰竭是中毒導致。根據病史推斷，中毒的原因可能是食用了黃瓜燒鱔魚這道菜。

男主人楊男還記得，事發晚間，父母做了一桌非常豐盛的晚餐。桌上有三道菜，黃瓜燒鱔魚、筍子炒肉、炒蕨菜。由於下班時間不一致，大家並非在同一時間進餐。次日淩晨，父親和妻子就因上吐下瀉被送往附近醫院。當時醫院做了血常規等檢查，按腹瀉的初步診斷為他們進行了治療。然而情況並沒有好轉，特別是楊父，甚至出現了舌腫和喉部腫大的症狀。緊接著，楊男本人和楊母也出現了類似症狀，反胃、嘔吐。

據解放軍「四五二」醫院腎內科湯主任說明，這四人送到醫院的時候就出現了少尿情況，即二十四小時內尿液低於四百毫升，體內毒素無法排出，肌酐指數升高。由於四人均未脫離生命危險，醫院當即下達了病危通知。

鱔魚是當日上午從鄰近菜市場買的，現場點殺後用塑膠口袋裝回來，並且當晚就烹調了。雖然這期間鱔魚並未放入冰箱冷凍，但由於當天下雨，陰涼的天氣不致使鱔魚變質。湯主任說該醫院腎內科曾經收到過多起因為生吃魚膽導致中毒、引發急性腎衰竭的病例，但本病例可能是因為吃黃鱔導致中毒，在該院還是首次碰到。湯主任也懷疑是否鱔魚飼養環境有毒，導致鱔魚體內含毒素。而人長時間吃鱔魚，毒素蓄積到一定量後便發病。

〔泰國某報訊〕春武里府芭堤雅中部一座酒店裡，有一名印度籍男子被發現死於酒店客房廁所內，死者一名同伴也不停嘔吐、腹瀉，因而被送到附近醫院接受治療。警方懷疑是食物中毒。

芭堤雅警方接獲酒店職員報案，當即率員前往酒店調查，發現三十三歲印度籍男子陳屍廁所內，浴缸留有死者的嘔吐物。同時警方還獲悉死者一名同伴也出現類似情況，被送到附近醫院急救。

經初步查詢死者的同伴，他表示前晚跟隨死者外出進食海鮮，但當兩人分別回到酒店房間休息，他隨即不停地嘔吐、腹瀉，因此並不知道死者死因為何，也不記得自己是什麼時候被送到醫院。警方高度懷疑死者可能是吃到不潔的海鮮，導致食物中毒。

〔臺灣某報訊〕雲嘉海邊竟有毒魚集團使用劇毒氰化鉀毒魚販售圖利。海巡署前天在嘉義縣東石鄉逮捕五人，查扣二百多公斤被毒斃的魚穫和一千零七十五公斤氰化鉀，研判該集團至少已存在一年，毒魚流入市面恐不計其數，將五嫌依違反《漁業法》、《毒性化學物質管理法》及詐欺等罪嫌移送法辦。

林口長庚醫院毒物科林主任表示，雖然氰化物只要〇・〇〇五公克就能要人命，用來毒魚的千餘公斤氰化鉀直接由人吃下，至少會造成三百多萬人中毒死亡；但毒死一公斤的魚只需〇・〇〇一公克，故民眾萬一吃到毒魚，因劑量少加上人體排毒功能，中毒死亡的可能性微乎其微，但他建議還是不要吃魚內臟，以策安全。

水之部・之三・倒提入水

【案情提要】

本文選自〔清〕《洗冤彙編》①，為一未記載發生時地的兇殺命案。死者為一淹死之瘦小男子，經初步驗屍後並未發現明顯外傷，然其身上出現遭人倒提入水的跡證，承辦官員因而判斷與之同行的壯碩男子涉嫌謀財害命。

①《洗冤彙編》又名《重訂洗冤彙編》，計一卷、附錄一卷，為〔清〕郎廷棟所撰，後由〔清〕楊朝麟重訂。撰者郎廷棟祖上為明末諸生，因歸降而顯得重要。郎廷東本人曾任湖南按察使，他的家人也都是朝中顯貴：其兄郎廷極及族兄郎廷佐皆曾任兩江總督；族兄郎廷相也曾任福建總督。重訂者楊朝麟曾任江蘇布政使，《丹午筆記》記載有一婦女告人強姦，楊朝麟的批詞寫道：「爾孀婦也，乃入人之室、坐人之床、飲人之酒，如是而猶得謂之強，可乎？試問閶門吊橋上，來千去萬人中有一個信你的，本官便准你的。」又有一尼姑起訴自己徒弟還俗嫁人，楊則批詞云：「小尼姑脫卻袈裟，便穿衲襖，正佛家所謂歡喜法門也！爾獨何心？乃欲使之老死空門乎？爾如見獵心喜，不妨人云亦云。」可見楊在審案方面確實很有獨到之處。

【案件紀錄】

有甲、乙同行，乙有隨身衣服而甲欲謀之。行至溪河，將渡中流①，甲執乙搵②水而死，是無痕也。驗得乙屍瘦劣③，十指甲黑黯色，指甲縫及鼻孔各有沙，胸前赤色，口唇青斑，肚腹脹，此乃乙劣而為甲執於水以致死也。當究甲之原情④，須有贓證⑤，以觀此驗，萬無一失矣。

---

① 中流指河流中央。《史記・周本紀》：「武王渡河，中流，白魚躍入王舟中。」〔唐〕張祜〈題潤州金山寺〉詩：「樹影中流見，鐘聲兩岸聞。」〔清〕李漁《憐香伴・賜姻》：「幾曾見從井救人，人岸先登，自己反沉中流。」

② 搵有二義，一指浸沒，《說文・手部》：「搵，沒也。」段玉裁注：「沒者，湛也，謂湛浸於中也。」二指按壓，〔元〕秦簡夫《東堂老・第二摺》：「我見他搵不住可則撲簌簌腮邊也那淚傾。」〔明〕唐寅〈二郎神〉曲：「堪憐桃腮紅損，眉山翠偃，搵不住汪汪含淚眼。」

③ 劣指弱小。〔三國魏〕曹植《辨道論》：「壽命長短，骨體強劣，各有人焉。」〔唐〕劉知幾《史通・雜說中》：「逮於苻氏，則兼而有之。《禹貢》九州，實得其八，而言地劣於趙，是何言歟？」〔前蜀〕貫休〈讀劉得仁賈島集〉詩之二：「馬病唯湯雪，門荒劣有人。」

④ 原情指推究本情。《說郛・卷二》引《京氏易傳》：「誅不原情，則霜附木不下，不教而誅，其霜反在草下。」《後漢書・郅彤傳論》：「斯固原情比跡，所宜推察者也。」《唐律・名例二》：「議者原情議罪，稱定刑之律。」〔明〕劉基《郁離子・靈丘丈人》：「氏無以為生，而官不能恤，於是乎有犯，雖難以為常，原情而貸之可也。」

⑤ 贓指用盜竊、貪污等非法手段獲取的財物。《列子・天瑞》：「向氏大喜，喻其為盜之言，而不喻其為盜之道，遂踰垣鑿室，手目所及，亡不探也。未及時，以贓獲罪，沒其先居之財。」《周禮・秋官・司厲》「入於司兵。」鄭玄注引〔漢〕鄭司農曰：「若今時傷殺人所用兵器、盜賊贓，加責，沒入縣官。」

【原文語譯】

有甲、乙二人一起出外經商，甲很想把乙的隨身財物據為己有。行經溪流，就在二人走到河中央的時候，甲把乙抓起來壓入水中將其淹死，乙因此全身沒有外傷。驗屍發現乙很瘦弱，十根手指甲呈現黑色，指甲縫和鼻孔還有明顯的沙子殘留，胸前呈現赤色，口唇有青斑，肚子脹得大大的，這就是由於乙太瘦弱被甲壓入水裡淹死的證據。應該追究當時甲的犯案動機和過程細節，再起出贓物為證，以此證明驗屍結果正確，這樣推斷而結案就不會有大錯了。

【現場鑑識與法醫學分析】

就法醫學的定義而言，溺水（submersion）是指身體沒入水中，且存活超過二十四小時者，而溺斃（drowning）則是指身體沒入水中，且在二十四小時內死亡者，所以正確來說，溺水者不一定死亡，可能經過急救後存活，也可能因為其他併發症死亡；但是溺斃則是很快發生死亡的情況。溺水不一定是水進入肺部，因此若單純就水是否進入肺部來區分是否為生前落水或是死後棄屍，容易發生誤判。為了避免誤判，吾人必須瞭解溺水致死的幾個原因。

水或其他液體吸進肺部導致死亡叫作濕溺（wet drowning）。通常發生在喪失保護性的呼吸道反射與不能抑制呼吸的病患，例如當一個人落水後因為體力耗盡，無法繼續浮出水面，水分進入呼吸道內便阻礙了呼吸。此時因為嗆水的神經反射作用以及落水後的慌張，故更為大口呼吸，導致過多水分、泥沙不停的進入肺部而致死。若並非一次吸入過多水分，導致短時間內肺部無法呼吸而死，也有可能因為漸進式吸入淡水，在滲透作用之下，水分經由肺泡吸收進入血液循環中，稀釋了血漿濃度，同時破壞肺泡表面的介面活化劑，導致肺臟無法擴張而塌陷。在非一次吸入過多水分致死的情況下，死者會呈現肺水腫嚴重缺氧而死的症狀。假如吸入的是鹹水（海水），鹹水也藉由滲透作使身體循環中的液體漏出至肺中，所以吸入鹹水的死者較吸入淡水的死者而言，在肺部中更容易發現滲漏液體的存在。

部分溺死者並非死在水裡，也有可能急救上岸後，因為肺部吸入過多骯髒的水分，引發感染而死，這類情況大約佔溺死案件的百分之十。另外一種情況是落水後身體為了防止水份進入肺部，在水中掙扎引起喉部痙攣，造成呼吸道阻塞與窒息導致死亡，這就不是濕溺，而是乾溺（dry drowning）。這類死者通常肺部內並無液體存在，解剖時，檢查顱底蝶竇部位是否有喉部痙攣造成的症狀，大致就可判斷出來。

假如死者皆非上述原因致死，也有可能是因為死者接觸到水，產生巨大的恐懼所引起突發性的死亡，此被稱為溺水症候群（immersion syndrome）。這類死因通常發生在死者落入冷水的情況。主要是由於落水後嚴重的心跳過緩或心臟停止，合併喪失意識與吸入過多水分而致死。另外也有可能是入水時發生外傷所引起之死亡，例如跳水而死者，通常會有許多頭部及肢體外傷。這類傷者之傷勢於若發生在陸地上，可能不會致死；但是因為在水

落水致死者，可能因為撞擊水中岩石而死亡，而非呈現典型的溺斃狀態

中，因受傷當喪失意識或頸椎骨折造成肢體癱瘓等，致使入水後喪失活動能力而溺死。

在難以判別是否為自、他殺的落水意外中，若存在以下這些狀況，則可能係死者自為或是生前落水（非死後拋屍）的情況：

一、伴有其他自殘性傷害或合併藥物：投水自殘者在自殘前，可能會先有自我傷害的動作，例如割腕或是服用藥物的狀況。惟在檢查傷勢時，傷勢仍須符合自殺狀況的態樣；若為事先服用藥物，解剖後檢測出的藥物，必須要能追查出來源，且這些來源係應自殘者所能取得該藥物的管道。

二、衣物或鞋子放置於落水處旁邊：投水者通常會將衣物或鞋子在投水處擺放整齊，但是並非投水自殘者一定會有此行為。另外若落水場所水流流動，因落水後大約要二至三天後，屍體開始腐敗後才會浮上水面，所以屍體發現處所可能與衣物或鞋子的置放處所有相當的距離。因此研判正確落水位置時，尚需考量水流速度等因素。

三、遺書（suicide notes）：遺書並非投水自殘者專有的特徵，其他的自殘者亦會留有遺書等文件。但須注意的是，若遺書係在自殘前所書寫，此時心情起伏甚大，因此字體可能會與當事人在一般狀況下書寫的字體有所不同，而偽造自殺態樣的他殺案件，兇手也可能會模仿被害者字體書寫遺書以誤導偵辦方向。因此若發現遺書字體有異，最好妥善蒐集後，交由專業鑑識人員分析確認①。

四、口鼻出現泡沫：溺水死亡屍體偶爾會發現口鼻溢出泡沫，此種徵象是法醫判斷死亡原因的一項重要依據。口鼻泡沫或血水是濕性溺斃的特徵，除了溺水以外，海洛英中毒、有機磷農藥中毒、癲癇、觸電死亡，甚至急性心臟死亡者，口鼻均有可能出現泡沫。屍體口鼻溢出泡沫雖非特異性症狀，但卻大部分出現在呼吸因素致死的死者身上。溺水過程，因為冷水刺激呼吸道，呼吸道黏膜分泌亢進，氣管通常會呈明顯充血狀，溺液和黏液以及空氣隨著劇烈的呼吸運動或嗆咳攪拌，會在呼吸道形成泡沫。所以屍體打撈上來後，這些蕈樣泡沫會溢出口鼻腔。因此在相驗屍體過程中，若溺水死亡者未有口鼻泡沫出現，都可能要懷疑可能是非呼吸因素死亡、死後落水或乾性溺水之狀況。

五、屍斑狀況較不明顯：除非是完全靜止的水域，否則因為屍體隨著流水的滾動，屍斑通常無法固定，因此若在流動水域，發現身體一側有明顯屍斑時，必先要懷疑

① 現代科技日益進步，自殘者也可能透過臉書（facebook）、部落格（blog）、簡訊（textmessage）、各種聊天傳訊軟體（chat）等現代科技作為交代遺言的媒介，這些也是重要的調查管道之一。

是否為死亡屍斑固定後，再遭他人棄屍落水。當然溺死後不久馬上就被打撈上來，也會重新形成明顯固定的屍斑。

六、具窒息徵象：溺死也會造成其他導致窒息的徵象，比如眼瞼出血點、內臟淤血、口唇青紫、指甲紫紺、顳骨顏部出血等。如果是死後拋屍入水，那麼死者可能不是窒息死亡，而係有其他的致命死亡因素存在，於此必須細心觀察。

七、手部的傷勢：生前溺死的人，因為在水中下意識掙扎，手中夾縫、指甲內可能會有泥沙、水草。若為拋屍入水者則通常不會有這些跡象，便要懷疑死者可能是死後落水。

本案例中，某乙屍首指甲呈現黑黯色，表示死者死於極度缺氧的狀態。雖然不慎溺斃，死者生前為了求生，會胡亂抓取可供漂浮之物，因而手中或指甲中常殘留泥沙、樹枝等物，但連鼻中也有明顯可見之泥沙，可見某乙死時臉部極為靠近河床，這不是正常的溺死狀態，而可能是被人按壓或倒提所致。再看某乙胸前有赤色充血，表示死者確曾被人倒提，所以血液回流到上半身。又某乙唇上留下青斑，係為免吸入河水而激烈地緊閉雙唇所留下的傷痕，這與遭悶死者，嘴部因為掙扎，導致嘴唇受傷的情況一樣。某乙在缺氧之後忍不住張口大吸，造成胃部充滿許多液體，結果肚腹因而腫脹。經查訪同行者，發現某甲

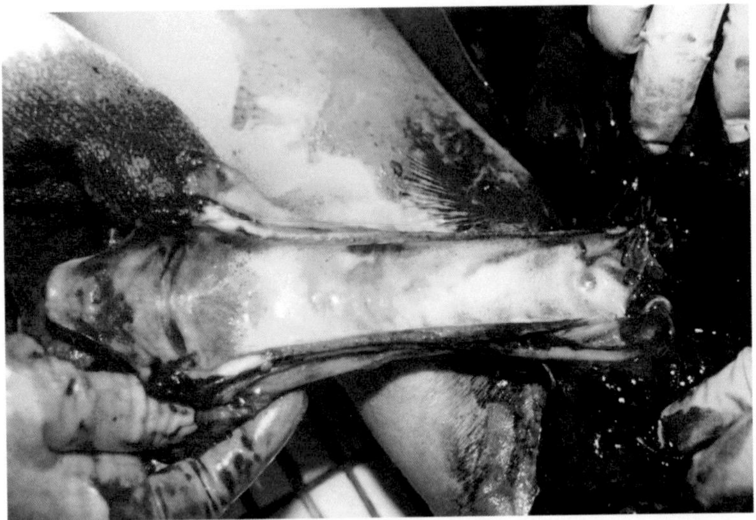

農藥中毒者，氣管內亦可能出現大量泡沫

各搜救單位於落水現場打撈死者

身材高大，確能將某乙倒提入水淹死。根據前述種種情況，與某乙同行的某甲嫌疑最大，當以人追贓，究其罪責。另依本案例承辦官員所判斷的某乙死因來看，某乙腳踝也可能存在相關傷痕或壓痕，亦可就此進一步追究。

【今日相關參考案例】

〔臺灣某報訊〕單純的投水自殺案，竟然隱藏暴力討債糾紛。臺南一名檢察官花了二百三十九天的調查，讓案情大逆轉，甚至揪出當時自稱見義勇為的三名路人，其實根本就是討債集團成員。

八十四歲的老母親，聽到兒子的死亡，竟然是遭討債集團逼迫，難以相信，卻感激檢察官的明察秋毫。被害人母親：「如果真的是被害死，被檢察官抓到關起來，當然我的心情會比較安慰、開心。」

原來，去年一名五十一歲的胡姓男子落水死亡，當時有三人報案求救，說他們想要拉起死者，但他死意堅決，三人怎樣施救勸阻都沒用，警消還把他們當作見義勇為的路人；但檢察官接手調查後發現，死者身上多處傷痕，甚至還接獲有人報案，當時看見死者遭到轎車追逐，進一步調閱通聯紀錄和監聽，才發現死者根本就是為了躲債，跳入漁塭，卻不幸溺斃。

沒想到一起加入救援的人，竟然會是涉嫌逼債害死人的兇手，而檢察官再三翻閱卷宗，反覆研究案情，也才讓這三名「救人英雄」現出原形，乖乖認罪。

〔大陸某報訊〕警方獲報杭州某老婦洗衣打水，不慎落入家前池塘溺斃。經法醫驗屍，發現呼吸道及胃部有積水，確認為生前落水。又老婦四肢分布有對稱的青色皮下出血，似是遭到暴力攻擊所致。但經訪查同村民眾，眾人皆異口同聲提到老婦與鄰人及家人相處愉快，斷不可能結怨。這些皮下出血或有可能是眾人將老婦救上岸時七手八腳急救下所留。

然而經過計算皮下出血的面積，遠超過一般急救所能留下的程度，應為他人傷害所為。檢警於是對老婦的家人展開深入調查，前日因外遇而和老婦有所爭執的丈夫嫌疑最大。

查訪之後終於得到案件實情：老婦溺斃當日丈夫利用在村中開會，製造不在場證明再買兇殺人。由於兇手與老婦曾經爭鬥，所以老婦四肢皮下出血。兇手犯案後再佈置二枚洗衣盆於池塘附近，偽裝老婦為洗衣打水不慎落水溺斃。

〔美國某報訊〕美國阿拉巴馬州法官今天無罪開釋華森，他遭指控二〇〇三年澳洲蜜月期間，於潛水時謀殺新婚妻子。法官說檢方無法證明這是蓄意謀殺。

檢方稱華森為獲得保險理賠，二〇〇三年十月二十二日於澳洲敦士市外海潛水時，關閉妻子湯瑪斯的氧氣導致她溺斃。傑佛遜郡巡迴法院法官表示，指控三十四歲的華森為詐領湯瑪斯保險金而犯行的證據太過薄弱。

澳洲法院先前基於華森未能在妻子缺氧時予以協助，判處他過失致死罪，華森已在澳洲服刑十八個月。阿拉巴馬州當局以這起案件可能是在美國策劃，引渡華森回美受審，若經定罪最高可判處終生監禁且不得假釋。

這起案件在阿拉巴馬州伯明罕（Birmingham）審判的兩週期間，檢察官告訴陪審團，華森犯案動機是二十萬美元的死亡保險理賠，檢方聲稱華森在潛水時移除妻子的氧氣筒，直到她溺斃。不過法官表示：「證明這是蓄意犯行的證據不足。唯一要判處華森蓄意謀殺的方法是靠猜測。沒有人知道當時水底發生什麼事，我很確定我們永遠都不會知道。」

水之部·之四·毆落冷水

【案情提要】

本文選自〔清〕《洗冤集錄詳義》①，為發生在清朝乾隆年間山東一酒後遭毆落水猝死案。縣民許珍毆馬還落水後，但因馬還先前曾飲酒，突落冷水，身體遽然不適，遂死。馬還雖非許珍所毆死，但因馬還落水係遭許珍毆打所致，所以許珍仍要負最大責任。

① 《洗冤錄詳義》為〔清〕許槤所撰，本書亦為《洗冤集錄》的一種增注本。《詳義》除校錄原文外，每段均加眉注小標題，另有評論、釋義，對原書的義理頗多闡發，因而使讀者易於理解。作者許槤本人亦有多年的驗屍實際經驗，他博採各家之書三十餘種，並直注自己的檢驗經驗和見解。作者復親自考查二百三十餘幅枯骨，繪成「現擬屍圖」正後各一，全身骨圖兩幅，單獨骨圖十餘幅，詳細的屍骨圖是本書的最大特點。一九二八年，南京國民黨政府頒佈新的刑事訴訟法，仍參照本書之法，採清代的屍格、屍圖。《洗冤錄詳義》為世人所重視的程度由是可見。

【案件紀錄】

乾隆四十一年，山東省沂水縣①民許珍毆跌馬選醉後落水，悶厥身死一案：馬選吃醉燒酒，被毆跌落水坑，衣袴②盡濕，較之過飲冷水更甚。其為熱毒內遏③，悶厥身死無疑。許珍拳毆馬選腮頰，雖不致命，但因落水悶厥身死，實由毆跌所致，擬絞④抵。

① 沂水縣在山東東南部，沂河上游，因水得名。今屬臨沂市所轄的一個縣。漢置東莞縣，隋改沂水縣。

② 袴即褲，古用袴字，今用褲字。《康熙字典》：「齊魯之閒謂之襱，或謂之櫳，關西謂之袴。《禮・內則》：『衣不帛襦袴。』《王充・論衡》：『趙武藏於袴中。』……又袴褶。《吳志》裴松之注：『呂範釋韝著袴褶，執鞭詣闕下。』《晉書・輿服志》：『袴褶之制，未詳所起。』《韻會》、《馬韻》通，《禡韻》通胯。《正字通》：『兩股閒曰胯。通作跨。』袴自是脛衣，必謂胯與袴同，無此事理。」

③ 內即體內；遏即阻斷。《詩經・大雅・民勞》：「式遏寇虐，憯不畏明。」鄭玄箋：「式，用；遏，止也。」〔晉〕葛洪《抱朴子・漢過》：「忠謇離退，姦凶得志，邪流溢而不可遏也，偽塗闢而不可杜也。」〔唐〕韓愈〈論佛骨表〉：「若不即加禁遏，更歷諸寺，必有斷臂、臠身以為供養者。」內遏指喝酒之後的熱氣被壓抑在體內散發不去。

④ 絞指絞刑。舊時死刑的一種。《左傳・哀公二年》：「若其有罪，絞縊以戮。」《隋書・刑法志》：「其刑名有五：一曰死刑二，有絞，有斬。」〔宋〕高承《事物紀原・律令刑罰・絞》：「古者棄市……隋謂之絞。」具體施行絞刑的方法主要有二：一以繩索套木棍反覆扭轉，勒緊受刑人頸部使其死亡，一以懸吊方式將受刑人吊起縊死。

【原文語譯】

乾隆四十一年，山東省沂水縣民許珍將喝醉的馬選打倒落入水中，導致馬選渾身熱氣閉鎖而死亡的案子：馬選當時喝得醉醺醺的，被打了掉進水坑，衣服褲子全濕，這比喝完酒全身熱烘烘的再喝下冷水還要傷身體。本案是馬選酒後體內熱氣無法洩出，所造成的死亡意外。許珍打了馬選的臉頰，這個傷勢雖然不致命，但馬選是因為被許珍打了才掉到水裡死的，馬選的死因到底還是肇因於許珍的毆打，擬判許珍絞刑抵命。

【現場鑑識與法醫學分析】

酒中使人產生醉態的成份是乙醇（Ethanol）。乙醇進入人體後很快經由口腔、食道、胃、腸等器官直接通過生物膜進入血液循環，迅速地被運輸到全身各組織器官中進行代謝和利用。酒精經血液循環進入肝臟，有九〇～九五％的乙醇在肝臟代謝轉化為乙醛（Acetaldehyde），其餘的在腎臟、肌肉及其他組織器官中代謝，僅有二％～一〇％的乙醇通過腎臟、肺和汗液等排出體外。

因為人體正常情況下只能代謝一定量的乙醇，當喝酒過量時，代謝不掉的乙醇會麻痺大腦皮質，造成刺激興奮感與昏眩感（平衡感喪失）。而乙醇被氧化後的乙醛量若過高，人體來不及進行分解時，多餘的乙醛也會開始破壞身體器官，造成頭暈頭痛及想要嘔吐等各種不適現象，這也就是一般所謂的「酒醉」。

酒後落入冷水之所以可能導致死亡，主要有以下幾個原因：

一、酒精使人亢奮、全身血管擴張——這包括了體表的血管。突然落入冷水，體溫驟降，因此容易失溫而亡。

二、酒後身體為了散熱，血液集中到體表，突然落入冷水，體表血管急速收縮，血液很快回流體中，造成心臟負荷過大而使心臟麻痺。此與有人酒後泡湯，導致血管內血液循環過快，血壓升高，心臟一時無法負荷而麻痺致死的情況相同。

三、酒精具有中樞神經抑制作用，因而飲酒之後會影響人的判斷力和肢體、肌肉協調能力。一旦落水，就算原本會游泳，也容易因為換氣不順而造成嗆水溺斃。

本案例死者落水死亡過程為：「拳毆馬選腮頰，雖不致命，但因落水閉厥身死」。經綜合判斷，此係死者被毆後，身體中的酒精、身體的內外傷、酒精所造成的反應遲鈍和判斷錯誤，加上心臟收縮過鉅，導致自己的溺水死亡。因為落水仍是被許珍毆打所致，所以

酒精為許多案件的死亡加乘因素。圖為在刑案現場發現的多種酒類

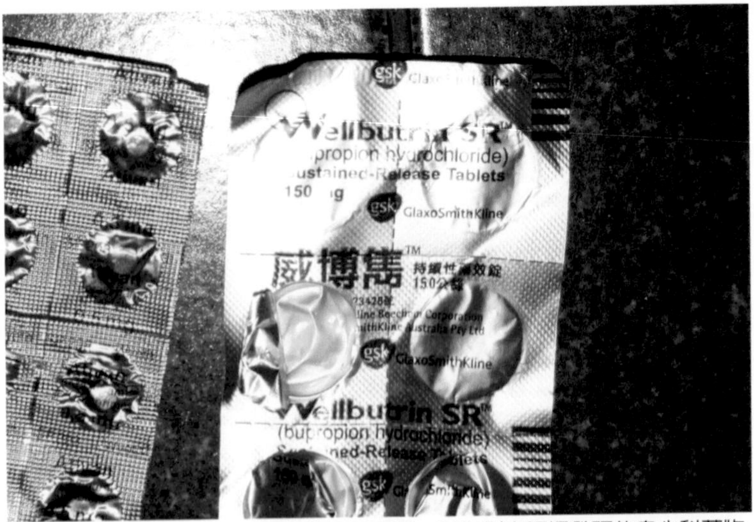

藥物亦為影響當事人行動能力的重要因素，圖為刑案現場發現的身心科藥物

死因仍是「他為」，許珍要負最大的責任。

【今日相關參考案例】

〔**大陸某報訊**〕一名男子酒後欲穿越天津紫金山路新世紀城附近的衛津河去找朋友，沒想到在河中央位置落水，市民及時拋擲繩子等物品救人，消防人員趕到後匍匐在冰面上開鑿出一條冰道，將男子用繩子拽到岸上，幸好男子還有呼吸。記者趕到現場時，男子已被消防人員救了上來，他渾身濕透，面色慘白，不停喘著粗氣，此時酒還未完全醒，嘴裡不清不楚地嘟囔著。急救人員採取急救措施，隨後將男子送往醫院搶救。

警方獲報後趕到現場，從車裡拿出救生圈，用繩子綁住拋給男子，男子雖然拽住了救生圈，但仍無法上岸。因為河面大部分結冰，大家不敢使勁兒拽繩子，害怕還沒將男子拖到岸邊，他已經因為冰面的阻隔沈入水裡了。

消防人員趕到後，一位消防隊員繫上了安全繩，匍匐在冰面上前進，一邊爬一邊在身邊開鑿出一條冰道。待爬到男子身邊，消防人員將繩子的另外一端繫在他身上，沿著已經鑿開的冰道一點點將其拉到岸邊，岸上的人七手八腳將男子拉了上來。

醫院急診室值班趙醫生說明該男子肺部進水，加之飲酒，情況比較嚴重，有生命危險。目前警方正在積極聯繫男子的家人。

〔大陸某報訊〕四名男子在哈爾濱道外區東江橋南岸附近江裡摸蛤蜊，不慎發生溺水，其中二人獲救，二人溺水身亡。

由於水流湍急，救援船隻多次打撈未果。一名渾身濕透的男子坐在岸邊不斷嘔吐，不遠處放著一袋蛤蜊。幾位溺水者的親人不停地向江中喊著親人的名字。

目擊者說中午過後，一群年輕人來到江邊，其中四名男子下水摸蛤蜊。三點過後，四人突然同時滑入江中。見此，一位釣魚者將魚竿拋了過去，二名落水者抓住魚竿爬了上來，另外二人消失在江中。

四點多水上民警隊的快艇與救援船隻到達事故現場進行打撈。十五分鐘後，在距岸邊十公尺處的江中撈出一身穿游泳褲的男子，該人被救護車送往市立第四醫院搶救，經醫生確認，該人已經死亡。其弟仍然下落不明。

【臺灣某報訊】三十七歲的蕭男，和朋友喝完酒之後，拿著釣竿想要釣魚，卻因為天雨路滑掉進魚池裡，雖然警方趕到現場搶救，不過落水的蕭男仍然不治。

救難人員一趕到現場，立刻穿好潛水衣，下水救人。住在臺東初鹿的蕭男在朋友家裡喝酒，兩個人在喝完酒後，拿著漁網到住家附近的廢棄蓄水池抓魚，結果當時下著小雨，天雨路滑加上視線不良，蕭男一個不小心被漁網勾住，整個人就這樣掉到水池內。

朋友李男一度想下水救人，但是天色實在太暗，只好趕緊報警處理。雖然救難人員很快就將落水的蕭男救上岸，不過死神仍然比救難人員更早一步把他帶走。

代跋：對《洗冤集錄》法醫學的跨領域系統研究著實迫不相待

（本文原發表於《臺灣鑑識科學學會會刊》第一〇期，二〇一二年五月）

〔宋〕宋慈《洗冤集錄》（一二四七年）是中國第一部全面而又系統的應用醫學、生物生理等方面的理論、技術，以研究解決司法實踐中有關人員傷亡的理論和實際問題的法醫學專著。該書主要內容包括：

一、檢驗總論——如何驗（辨）屍傷，鑑定血型。

二、各種毆傷溺縊死亡的檢驗辨識。

三、疑難雜說，如有關中毒、服毒的檢驗等。

四、中毒急救的方法與藥方等。

中國法醫學因獨具一格的自然科學、人體醫學發展而成為一門較為成熟的學科，在社會上所發揮的效益日益巨大。相較於西方法醫學，中國的法醫學更重視中醫理論的實踐與應用①。由於中醫主張「望、聞、問、切」，所以中國的法醫學著作著重在外表的勘驗，較少解剖和化學性的分析。雖說如此，仍不能否認中國法醫學的科學性的正確度。單從宋慈《洗冤集錄》部分案件的紀錄來看，這樣的一種法醫勘驗傾向，往往在實務方面取得很正確的結論。

國際上，宋慈被譽為「世界第一法學名醫」；《洗冤集錄》也是世界上現存最早，被公認最為傑出的醫學專著。對照中國之外最早的法醫學專著——意大利學者佛圖納圖・菲德里斯撰寫的《醫生的報告》，它的問世還遠較《洗冤集錄》晚三百五十五年，內容也沒有《洗冤集錄》那般完備。

一七七九年，《洗冤集錄》被譯成法文，一八五三年被譯成荷蘭文，隨後又被譯成英文，均有單行本出版。一九八一年，美國還出版了由夏威夷大學教授與克奈特翻譯，名為《洗除錯誤——十三世紀的中國法醫學》的《洗冤集錄》譯本。迄一九八五年，《洗冤集錄》已被翻譯成英、法、德、俄、日、意、荷蘭、韓等十四種文字。《洗冤集錄》在世

① 熊思量《宋慈與《洗冤集錄》之研究》（福州：福建師範大學專門史碩士論文，二〇〇七年四月），頁六。

界上廣泛流傳，儼然成為刑事司法檢驗的指南。它不僅是中國古代科學研究的一朵絢麗之花，也是中國對世界科學的一項卓越貢獻①。

在撰寫法醫學檢驗方面的知識和方法之外，《洗冤集錄》還深具鮮明的法律思想。譬如該書在卷首的第一節即寫明宋朝有關屍體檢驗的法律條令，包括由誰檢驗及檢驗人員的迴避制度、保密制度、上報制度、初檢與復檢制度等等。從這些條文規定可見當時的檢驗體制已經相當完善，這對後來中國開展法醫檢驗工作發揮了重要的品質保證作用。對現今法醫學工作者和法醫工作的管理而言，仍有很高的參考價值②。

自宋慈撰成《洗冤集錄》以後，它對中國古代司法檢驗體系發揮了深刻的影響，也形塑出若干中國司法檢驗體系的特色③：

一、從《洗冤集錄》開始，中國司法檢驗體系開始強調應從醫學的角度討論司法檢驗的問題，如各種中毒的症狀分析、中毒急救方法和解毒單方的研究。

二、從《洗冤集錄》開始，中國司法檢驗體系開始以斷案為目的進行司法檢驗，把檢

---

① 楊杞〈「世界第一法學名醫」宋慈和《洗冤集錄》〉，《唐山學院學報》十六卷二期，頁四一至四二。
② 陳新山、黃瑞亭〈《洗冤集錄》的現代價值〉，《中國法醫學雜誌》二十四卷五期，二〇〇九年，頁三五八至三五九。
③ 錢崇豪〈宋慈與中國司法鑑定〉，《中國司法鑑定》二〇〇六年一期，頁六一至六二。

驗過程當作是斷案審獄的一部分。

三、從《洗冤集錄》開始，中國司法檢驗體系開始利用各方面的知識——如毒物學知識、昆蟲學知識——進行司法檢驗，並透過將檢驗程序SOP以約束檢驗官員的行為、提高檢驗官員的道德表現。

四、從《洗冤集錄》開始，中國司法檢驗體系開始以外表檢驗為主，這與以解剖學檢驗為主的西洋法醫學有明顯區別。

五、從《洗冤集錄》開始，中國司法檢驗體系開始檢討傳統「有罪推定」、「屈打成招」思維。

由於《洗冤集錄》在中國司法檢驗史上具有重大的參考意義，因此中外對《洗冤集錄》研究和整理的熱潮，從元朝一直延燒到二十一世紀，未曾停止。迄〔清〕康熙三十三年（一六九四年），當時人將材料進行增補，編成《律例館校正洗冤錄》，此書是此一系列法醫學知識百科的總成；現代以《洗冤集錄》作為主題相關的學術研究成果，經統計也有百餘種以上①。

① 張松〈《洗冤錄匯校》整理說明及《洗冤錄》研究索引〉，《法律文獻信息與研究》二〇〇七年一期，頁一二至二〇。

更可喜的是已經有學者注意到宋慈在《洗冤集錄》中所表現出來的偵查技巧，並進行初步歸納。如韓瑞芳、周興生指出：

依據宋慈觀點，可知，如果說，定某人犯了殺人罪只是一個不太複雜的判斷。那麼推知此人行動欲望、行動時間與地點，行動方式則是非常艱難的任務，由於它需要非常多的知識支撐。偵查員的知識與罪犯的知識雖然是不同的知識，但偵查員用於推知案發情由等要素的知識必須大於罪犯對罪犯自己消滅痕跡能力的認知。否則，偵查員永遠也不能推知罪犯的行為情由。另一方面，盡管偵查員可能能力出眾，但是他的推理也可能出錯。要糾正錯誤，則必須用直接證據對照其推理，並檢驗它。檢驗的目的是獲得行動細節。如果檢驗支援推理，這時才可以斷定行動者犯罪的罪名①。

不過從他們的結論可以看得現階段的研究還是粗淺而片面的。由是可知學界單單在建立起《洗冤集錄》中偵查技法體系的這一方面，還餘留很大的努力空間。

① 韓瑞芳、周興生〈刑事偵查邏輯系統化的思考——宋慈「初情論」系統性小議〉，《重慶工學院學報》社會科學版二十二卷九期，二〇〇八年九月，頁四六至日八。

從事警察社會科學研究者，對中國古代典籍之閱讀與學習，存在語文層面的閱讀困難；而從事中國古代文獻學研究的人，又對法醫學及刑事警察學感到陌生。但在社會組成份子日益複雜、犯罪型態日益錯綜、犯罪行為所造成的社會損失日益嚴重的今日，建立起古典法醫文獻與今日警察學術之間的橋梁，向古人借鑑，以提升現代法醫、刑事偵查技巧水準及其文化內涵的工作，著實迫不相待。

《洗冤集錄》是中國法醫學、刑事學及司法檢驗史上的重量級著作，如若人文學與警察學領域專家能跨領域攜手合作，進行腦力激盪，將《洗冤集錄》所揭示的相關知識予以系統化及現代化，並適當地融入現今的警察教育當中，除可涵養警務人員的文化素質外，無疑地也將大大的提升警務人員的辦案思維彈性和執法知能水準。

Do科學03　PB0023

誰說仵作不科學？
——古代刑事鑑識實錄

作　　者／鄒濬智、曾春僑
責任編輯／蔡曉雯
圖文排版／楊家齊
封面設計／王嵩賀

出版策劃／獨立作家
發 行 人／宋政坤
法律顧問／毛國樑　律師
製作發行／秀威資訊科技股份有限公司
地址：114 台北市內湖區瑞光路76巷65號1樓
電話：+886-2-2796-3638　傳真：+886-2-2796-1377
服務信箱：service@showwe.com.tw
展售門市／國家書店【松江門市】
地址：104 台北市中山區松江路209號1樓
電話：+886-2-2518-0207　傳真：+886-2-2518-0778
網路訂購／秀威網路書店：https://store.showwe.tw
國家網路書店：https://www.govbooks.com.tw

出版日期／2014年6月　BOD一版　**定價**／280元

|獨立|作家|
Independent Author
寫自己的故事，唱自己的歌

誰說仵作不科學? : 古代刑事鑑識實錄 / 鄒濬智, 曾春僑著.
-- 一版. -- 臺北市 : 獨立作家, 2014.06
面 ; 公分. -- (Do科學系列 ; PB0023)
ISBN 978-986-5729-11-0 (平裝)

1. 刑事偵察 2. 鑑識 3. 中國

548.692 103005681

國家圖書館出版品預行編目

讀者回函卡

感謝您購買本書，為提升服務品質，請填妥以下資料，將讀者回函卡直接寄回或傳真本公司，收到您的寶貴意見後，我們會收藏記錄及檢討，謝謝！

如您需要了解本公司最新出版書目、購書優惠或企劃活動，歡迎您上網查詢或下載相關資料：http:// www.showwe.com.tw

您購買的書名：________________________________

出生日期：________年________月________日

學歷：□高中（含）以下　□大專　□研究所（含）以上

職業：□製造業　□金融業　□資訊業　□軍警　□傳播業　□自由業

□服務業　□公務員　□教職　□學生　□家管　□其它____

購書地點：□網路書店　□實體書店　□書展　□郵購　□贈閱　□其他

您從何得知本書的消息？

□網路書店　□實體書店　□網路搜尋　□電子報　□書訊　□雜誌

□傳播媒體　□親友推薦　□網站推薦　□部落格　□其他________

您對本書的評價：（請填代號　1.非常滿意　2.滿意　3.尚可　4.再改進）

封面設計____　版面編排____　內容____　文／譯筆____　價格____

讀完書後您覺得：

□很有收穫　□有收穫　□收穫不多　□沒收穫

對我們的建議：________________________________

____

____

____

請貼
郵票

11466
台北市內湖區瑞光路 76 巷 65 號 1 樓

獨立作家讀者服務部 收

（請沿線對折寄回，謝謝！）

姓　　名：____________　年齡：______　性別：□女　□男

郵遞區號：□□□□□

地　　址：____________________________

聯絡電話：(日) ____________ (夜) ____________

E-mail：____________________________